BETTINA MATTHAEI

GEWÜRZE

70 KÜCHENGEWÜRZE VON A–Z

mit Minirezepten zum Kennenlernen

INHALT

WARUM FASZINIEREN UNS GEWÜRZE?

Wer einmal angefangen hat, sich mit Gewürzen zu beschäftigen, möchte nie wieder darauf verzichten. Es grenzt an Zauberei, wie ein wenig Zimt oder Gewürznelke einer Tomatensauce Tiefe, Wärme und Harmonie geben kann. Wie Kardamom simplen Reis in eine exotische Köstlichkeit verwandelt, oder wie mit einigen Safranfäden eine bodenständige Kürbissuppe zum Edelgericht wird. Und ganz nebenbei versorgen uns die Gewürze mit ihren vielfältigen gesundheitlichen Wirkungen.

Dabei sind die Gewürzmengen, die man für ein Gericht benötigt, von geradezu homöopathischer Dosis im Vergleich zu den verarbeiteten Nahrungsmitteln. Umso faszinierender ist ihre Wirkung. Ein paar Umdrehungen aus der Pfeffermühle bringen nicht nur den gewünschten Schärfekick, sondern ein Feuerwerk an fruchtigen, nussigen, rauchigen oder schokoladigen Aromen. Eine Messerspitze Cayenne sorgt für lebendige Spannung, ein wenig Macis für elegante Raffinesse, und Wattleseed, Lang- oder Bergpfeffer lassen uns neue, ungeahnte Genüsse erleben.

Und plötzlich öffnen sich neue Aromen- und Geschmacks-Welten: Wir können ein und dasselbe Alltagsessen jeden Tag anders schmecken lassen. Wir werden zu Magiern in der Küche, verzaubern unser Essen und unsere Gäste. Und unser Gewürzkompass ist das ideale »Zauberbuch«.

Ich wünsche Ihnen viel Spaß beim Entdecken, Experimentieren und Genießen!

Herzlichst, Ihre
Bettina Matthaei

DAS
WÜRZEN

WAS SIND GEWÜRZE?

Unter Gewürzen versteht man getrocknete und meistens zerkleinerte Pflanzenteile, die aufgrund ihrer Inhaltsstoffe dazu geeignet sind, den Geschmack unseres Essens zu verbessern und/oder bekömmlicher zu machen. Dabei kommen alle denkbaren Pflanzenteile vor: Samen, Wurzeln, Rinden, Rhizome, Früchte, Blätter, Staubfäden, Blüten oder Blütenknospen.

Die Gewürze werden in unterschiedlichen Formen angeboten: ganz, geschnitten, geschrotet, granuliert oder fein pulverisiert. Manche Gewürze werden nur an der Sonne getrocknet, andere im Schockfrost- oder Heißluftverfahren oder traditionell über Holzrauch. Wieder andere müssen aufwendige Fermentationsprozesse durchlaufen, bevor sie ihr typisches Aroma entwickeln und zum eigentlichen »Gewürz« werden.

GEWÜRZ, KRAUT ODER GEMÜSE?

Als Unterscheidung zu Kräutern kann man sagen: Blattgewürze wie z. B. Basilikum oder Thymian werden im frischen Zustand zu den Kräutern gerechnet und im getrockneten zu den Gewürzen. Getrocknete Kräuter werden meistens »gerebelt« angeboten, d. h. die Blättchen werden nach dem Trocknen von den Stielen getrennt. Man erhält getrocknete Kräuter auch geschnitten oder gemahlen. Die Grenze zwischen Gewürz und Gemüse ist dagegen nicht genau zu ziehen: Rote Chili- und Paprikaschoten, zumal größere und weniger scharfe Sorten, werden frisch als Gemüse verwendet und getrocknet und gemahlen als Gewürz. Ingwer, Galgant und scharfe Chilis dagegen werden sowohl frisch wie auch getrocknet als Gewürz

verstanden. Das Gleiche gilt für Knoblauch. Getrocknete Gemüse gibt es größer oder kleiner geschnitten, gemahlen oder in verschiedenen Graden granuliert. Getrocknete Chilischoten kann man im Ganzen kaufen, geschnitten, als »Flakes« oder feines Pulver.

GEWÜRZE ALS MEDIZIN

In der Vergangenheit, besonders in den Ursprungsländern, wurden Gewürze oft mehr wegen ihrer medizinischen Wirkung als zur Geschmacksverbesserung verwendet. Vieles ist bis heute sinnvoll und erprobt. So wirken die Scharfstoffe in Pfeffer und Chili u. a. antibakteriell und antifungizid. Ingwer hilft gegen Übelkeit. Kurkuma fördert die Fettverdauung. Zimt senkt den Blutzucker. Thymian und Salbei helfen bei Husten. Gewürznelken werden wegen ihrer desinfizierenden und örtlich leicht betäubenden Wirkung in der Zahnheilkunde eingesetzt. Kümmel, Anis und Fenchel helfen nachweislich bei Blähungen. Die meisten Gewürze haben eine verdauungsfördernde Wirkung. Allein durch ihren Duft lassen sie sprichwörtlich das Wasser im Munde zusammenlaufen, was bei der Zerkleinerung und ersten Aufspaltung der Nahrungsmittel hilfreich ist. Neben anderen erfreulichen Aspekten – wie z. B. die stimmungsaufhellenden und angeblich aphrodisierenden Wirkungen von Muskatnuss, Safran, Zimt oder Kardamom – sind das viele gute Gründe, verstärkt auf Gewürze zu setzen. Trotz ihres meist geringen Anteils an unserer Nahrung sind sie kulinarisch von großer Bedeutung: Denn was wäre ein Steak ohne Pfeffer, eine Pizza ohne Oregano, ein Pflaumenmus ohne Zimt?

WAS WIR RIECHEN

Um zu schmecken, muss man vor allem riechen können.
Diese Erfahrung hat sicher jeder schon einmal gemacht. Selbst
das ausgesuchte Menü beim Sternekoch wird als fad empfun-
den, wenn man stark erkältet ist. Der erste Sinneseindruck, um
ein Aroma zu identifizieren, ist die olfaktorische Wahrneh-
mung, bei der die Duftmoleküle mit der Atemluft an die entspre-
chenden Sinneszellen in der oberen Nasenhöhle gelangen.
Von dort gehen Impulse an das Gehirn und melden den Duft-
eindruck. Ungeübte »Riecher« können etwa 1.000 bis 2.000
verschiedene Düfte ausmachen, geübte Menschen bis zu 10.000.

DAS DUFTGEDÄCHTNIS

Das Interessante dabei ist unser Duftgedächtnis. Denn alle diese
Dufteindrücke werden im Gehirn abgespeichert und mit Emotio-
nen verbunden. Selbst nach vielen Jahren kann ein bestimmter
Geruch noch angenehme Erinnerungen wecken, z. B. der Duft von
Meeresluft, Zimtsternen oder von frisch gemähtem Gras. Ebenso können unangenehme Gerüche – z. B. von Desinfektionsmitteln
oder einem verdorbenem Ei – weniger schöne Gefühle auslösen.

INTENSIVER RIECHEN

Durch Heranfächeln der Luft und intensives Riechen (»Schnüf-
feln«) gelangen weitaus mehr Duftmoleküle an die Riechzellen,
als beim zufälligen Ein-
atmen, und man kann so
die Dufteindrücke inten-
sivieren. Deshalb schwenkt
man z. B. ein Glas mit
Rotwein, bevor man daran
schnuppert.

RETRONASALES RIECHEN

Neben dem nasalen
Riechen beim Einatmen
ist auch das Riechen

beim Ausatmen von Bedeutung. Es wird auch retronasales Riechen genannt. Dabei werden die beim Einatmen gesammelten Dufteindrücke durch diejenigen ergänzt, die z. B. beim Kauen im Mund freigesetzt werden. Weinkenner erzeugen diesen Effekt durch Bewegen des Weines im Mund, sie »kauen« den Wein.

STABILE UND FLÜCHTIGE AROMEN

Die Düfte, die unsere Riechzellen erreichen, sind von unterschiedlicher Intensität. Da sind die zarten, blumigen, luftigen bzw. flüchtigen Aromen, die der Parfumeur als »Kopfnoten« bezeichnet. Außerdem gibt es die mittleren »Herznoten« und die lang anhaltenden Basisnoten. Die meisten Gewürze sind vielschichtig, bestehen wie ein Parfüm aus flüchtigen und stabileren Aromen. Frisch gemahlen entfalten sie ihr volles Potenzial, das ab sofort kontinuierlich abnimmt. Als erstes reduzieren sich die Kopfnoten, während Herz- und Basisnoten länger wahrnehmbar sind. Dazu gehören herbe, erdige und harzige Töne. So hat frisches Kurkumapulver angenehm zarte, blumige Obertöne, während ein lange gelagertes nur noch erdig oder sogar muffig riecht. Deshalb Gewürze möglichst im Ganzen kaufen und erst direkt vor dem Gebrauch mahlen oder zerstoßen. Durch richtiges Lagern (s. S. 17) kann der Abbauprozess ebenfalls verzögert werden. Und da auch Hitze viele Aromen zerstört, sollte man nur Gewürze mit stabilen Aromen wie Lorbeerblätter oder ganze Pfeffer- und Pimentkörner lange mitkochen, z. B. in Fonds. Für optimales Aroma Gerichte zweimal würzen – zu Beginn des Kochens wie auch beim letzten Abschmecken. So können sich Herz- und Basisnoten langsam entfalten und Kopfnoten dann Frische und Duftigkeit zeigen.

WAS WIR SCHMECKEN

Im Vergleich zu unserer Nase nehmen wir mit unserer Zunge weitaus weniger Unterschiede wahr: Wir erkennen die Geschmacksrichtungen »Süss«, »Sauer«, »Salzig«, »Bitter« und »Umami«. Lange waren nur die ersten vier Geschmacksrichtungen Süß, Sauer, Salzig und Bitter »anerkannt«. Seit einigen Jahren wird Umami dazugezählt. Inzwischen wird auch »Fettig« den Geschmacksgruppen zugerechnet. Auch »Wässrig« sollte man in diesem Zusammenhang erwähnen, ist Wasser doch wie Fett als Lösungsmittel von elementarer Bedeutung. Wissenschaftlich sind Fettig und Wässrig aber noch nicht als Geschmacksrichtungen bestätigt.

Umami wurde bereits 1908 von dem japanischen Forscher Ikeda entdeckt und beschrieben. Es bedeutet soviel wie fleischig, herzhaft. Dieser Geschmack findet sich nicht nur im Fleisch, sondern auch in reifen und getrockneten Tomaten, Shiitake- oder Steinpilzen, Sojasauce oder Parmesan. Verantwortlich für diesen Geschmack sind natürliche Glutaminsäuren, nicht zu verwechseln mit dem künstlich hergestellten Mononatrium- glutamat, kurz MSG genannt, das über die asiatische Küche als »Geschmacksverstärker« verbreitet wurde.

DAS ZUSAMMENSPIEL VON RIECHEN UND SCHMECKEN

Jetzt wird es spannend: Die direkt eingeatmeten und die durch

retronasales Riechen frei- gesetzten Duftmoleküle mischen sich mit den Ge- schmacksempfindungen. Dazu kommen weitere Ein- drücke wie Temperatur, Textur und Mundgefühl. Im Englischen beschreibt der Ausdruck »Flavour« diesen Gesamteindruck, für den es im Deutschen leider kein Äquivalent gibt.

REINE NERVENSACHE

Zum Geschmackserlebnis gehören außerdem noch andere, nicht über Nase und Geschmacksknospen, sondern über Nerven wahrgenommene Eindrücke. Diese sind neben der Schärfe (s. S. 12) auch die Empfindungen »kalt«, »kühlend« (z. B. Minze), »prickelnd« (z. B. Szechuanpfeffer) und »adstringierend«, also das Gefühl von Trockenheit, dem »Zusammenziehen« im Mund (z. B. Sumach).

SCHMECKEN LERNEN

Ob uns ein Essen schmeckt, ist individuell so verschieden, wie Menschen unterschiedlich aussehen. Wir sind geprägt durch unsere Esskultur und unsere bisher gesammelten Dufterinnerungen und Geschmackserlebnisse. Auch unser Alter spielt eine Rolle.

Ein Säugling registriert zunächst nur die Geschmacksrichtungen Süß, Umami und Fettig, denn seine erste Nahrung, die Muttermilch, besteht aus Zucker, Eiweiß und Fett. Die Empfindungen Sauer und Salzig kommen erst später dazu. Als letzter Geschmack wird Bitter gelernt, ein Geschmack, der zunächst eher abgelehnt wird. Aber das Spektrum reicht von zart-herb bis extrem bitter, und so kann man sich nach und nach auch an diesen Geschmack herantasten.

Je früher man sein Kind an neue Geschmäcker heranführt, desto größer ist die Chance, dass es im Erwachsenenalter ein Genussmensch wird. Doch auch für Erwachsene, die als Kinder mit »Einheitsbrei« ernährt wurden, ist es nie zu spät. Wichtig ist nur die Aufgeschlossenheit, die Neugier und Experimentierfreude an fremden Küchen und unbekannten Aromen. Ob etwas schmeckt oder nicht, kann man erst sagen, wenn man es probiert hat. Und selbst, wenn das Lebensmittel, das Gericht nach dem ersten Probieren nicht überzeugt – man sollte es immer wieder versuchen. Oft macht es erst nach mehrmaligem Kosten »Klick«, und plötzlich schmeckt der bittere Radicchio angenehm herb, der reife Käse köstlich oder die asiatische Suppe gar nicht mehr so scharf.

DAS PHÄNOMEN »SCHÄRFE«

Wir sagen zwar, dass etwas »scharf schmeckt«, aber genau genommen ist Schärfe kein Geschmack, sondern eine Empfindung von Hitze und Schmerz. Im englisch-sprachigen Raum gibt es die treffende Bezeichnung »hot«. Es sind nämlich keine Geschmacksknospen, sondern andere Rezeptoren, die den heißen Schmerz oder die schmerzhafte Hitze wahrnehmen und über den Trigeminus-Nerv an das Gehirn weiterleiten.

DER PEPPER HIGH EFFECT

Der Körper reagiert auch prompt auf die vermeintliche »Verletzung« oder »Verbrennung«: einerseits mit der Bildung von Schweiß, um den erhitzten Körper zu kühlen. Zum anderen schüttet er körpereigene Endorphine aus, die den Schmerz beruhigen. Sobald dieser abgeklungen ist, bleibt ein angenehmes, sogar zufriedenes Gefühl zurück, das die Wissenschaftler den »Pepper High Effect« nennen.

VERSCHIEDENE SCHARFSTOFFE

Es gibt unterschiedliche Scharfstoffe, z. B. Piperin im Pfeffer, Capsaicin in Chilis, Alliin im Knoblauch oder Gingerol im Ingwer. All diese Gewürze zeichnen sich nicht nur durch unterschiedlich intensive Schärfe aus, sondern durch viel Geschmack und Aroma und ein besonderes Potenzial an gesunden Wirkweisen.

DIE EINFACHE SKALA

Besonders Chilis haben ein enormes Spektrum von sanft-milder bis zu unerträglicher Schärfe. Um sie zu ordnen, wurden Schärfeskalen erstellt. Die einfache Skala ist unterteilt in 1–10, wobei man bei 0 von der absolut schärfefreien Gemüsepaprika ausgeht.

DIE CHILI-SCHÄRFESKALA VON 1–10

Dies ist nur eine grobe Übersicht. Die Schärfe kann je nach Herkunft und Klima variieren.

0	Gemüsepaprika, Tomatenpaprika
1–2	Peperoni (z. T. bis 4)
3	Chili Ancho
3–4	Anaheim, Piment d'Espelette
4	Guajillo, Pimenton de la Vera pikante
4–5	Jalapeño, Pasilla
6	Dutch Red, Serrano
7–8	Cayenne, De Arbol, Aji Amarillo
8	Tabasco, Thai-Chili, Piquin
9–10	Birdseye
10	Scotch Bonnet
10+	Bhut Jolokia, Habanero, Trinidad Scorpion

DIE SCOVILLE-SKALA

Sie basiert auf den von Wilbur Scoville bereits 1912 durchgeführten Tests, in denen die Extrakte unterschiedlich scharfer Chilifrüchte in Wasser gelöst und solange verdünnt wurden, bis keine Schärfe mehr wahrnehmbar war. Gemüsepaprika rangiert auf dieser Skala ebenfalls bei 0 SHU (Scoville Heat Units), eine Jalapeño bei 2.500–8.000 SHU, Cayenne bei 30.000–50.000 SHU und reines Capsaicin bei 15–16 Mio. SHU (s. auch S. 91).

WO DIE MEISTE SCHÄRFE STECKT

Oft heißt es, das Schärfste an Chilis seien die Kerne. Das stimmt nur bedingt. Eigentlich enthalten sie keine Schärfe. Da sie aber direkt mit der Plazenta (weißes Gewebe innerhalb der Schote und unterhalb des Stieles; s. Foto) und mit den Trennwänden verbunden sind, also mit den schärfsten Stellen in der Schote, werden die Kerne ebenfalls als scharf registriert. Der Schärfegrad einer Sorte kann variieren. Er ist abhängig vom Klima und kann auch von Ernte zu Ernte wechseln. Selbst von ein und derselben Pflanze kann man mehr oder weniger scharfe Schoten ernten.

GEWÜRZE UND GESCHMACKSGRUPPEN

Die Unterteilung der Gewürze in Geschmacksgruppen ist nur grob möglich, da kein Gewürz eindeutig »süß« wie Zucker oder »sauer« wie Zitrone schmeckt. Dazu kommt, dass bei manchen Gewürzen der Eindruck stärker über den Geruch wahrgenommen wird und bei anderen mehr über den Geschmack. Außerdem lösen viele Gewürze ganz unterschiedliche Geschmacksempfindungen gleichzeitig aus, z. B. süßlich-säuerlich-herb oder süßlich-bitter-scharf. Hier eine grobe Zuordnung:

SÜSSLICHE GEWÜRZE

Gerade die süßlichen Gewürze gehen oft mit holzigen, herben oder harzigen Tönen einher. Typisch ist z. B. das Fein-Holzige im Zimt oder das Harzige in Wacholder und rosa Pfefferbeeren. Süßliche Gewürze sind Vanille, Zimt, Anis, Fenchel, Sternanis, Anismyrte, Olida, Koriander, Kardamom, Wacholder, rosa Pfefferbeeren, Buschtomaten, süßes Paprikapulver, Pandanblatt.

SÄUERLICHE GEWÜRZE

Manche Gewürze in dieser Gruppe duften vor allem säuerlich wie Zitronengras und Kaffir-Limettenblatt, andere schmecken auch richtig sauer wie Amchoor, Sumach und Limette. Säuerliche Gewürze sind Annatto, Amchoor, Sumach, Lemon Myrtle, Zitronengras, Limettenblatt, Limette.

ERDIG-HERB-BITTERE GEWÜRZE

Diese umfangreiche Gruppe zeigt viele Facetten, z. B. das Bitter-mandel-Aroma in Tonka und Mahlep, das Fein-Krautige im Curryblatt, das Rauchig-Herbe im Schwarzkümmel oder den wirklich bitteren Geschmack von Bockshornklee.
Erdig-herb-bittere Gewürze sind Safran, Tonka, schwarzer Kardamom, Mahlep, Dillsamen, Curryblatt, Kurkuma, Kreuz-kümmel, Kümmel, Macis, Muskat, Galgant, Piment, Lorbeer, Wattleseed, Schwarzkümmel, Gewürznelken, Bockshornklee.

SCHARFE GEWÜRZE

Schärfe wird sehr unterschiedlich wahrgenommen. So ist Ing-wer zusätzlich auch süß und frisch, Kubebenpfeffer auch herb und Langpfeffer schokoladig-süß. Senfschärfe reizt die Nase, Szechuanpfeffer wirkt leicht betäubend und Chili gibt es in allen Schärfe-Graden.
Scharfe Gewürze sind echter Pfeffer (weiß, schwarz, rot, grün), Senf, Kubebenpfeffer, Ingwer, Langpfeffer, Paradieskörner, Bergpfefferbeeren und -blätter, Senegalpfeffer, Asant, Szechuan-pfeffer, die Chilifamilie.

KÜCHENPRAXIS GEWÜRZE

Sobald Gewürze zerstoßen, gerieben oder gemahlen werden, setzen sie ihre ätherischen Öle frei. In diesem Moment entfalten sie ihr Maximum an Aroma und Geschmack.

TROCKENES RÖSTEN

Durch trockenes Rösten der ganzen Gewürze (s. Foto links) kann man das Aroma steigern oder Bitterstoffe (z. B. bei Bockshornklee oder braunem Senf) reduzieren. Dafür sind beschichtete oder Edelstahlpfannen gleichermaßen gut geeignet. Gewürze darin bei gut mittlerer Hitze 2–3 Min. unter ständigem Rühren ohne Fett rösten, bis sie intensiv duften und sich ein wenig dunkler färben, dann zum Abkühlen auf einen Teller schütten. Erst danach werden sie gemörsert oder gemahlen.

MÖRSERN, REIBEN, MAHLEN

Zum Mörsern (s. Foto rechts) ist ein Granit-Mörser (Asienladen) empfehlenswert, denn das harte Material ist unverwüstlich und nimmt nicht dauerhaft Fremdgerüche an wie etwa Holz. Selbst so »sperrige« Gewürze wie Zimtstangen oder getrocknete Kurkuma- und Ingwer-Stücke lassen sich auf einer guten, scharfen Reibe fein reiben. Zum Mahlen entweder eine Mühle mit Schlagwerk nehmen oder eine gute Mühle, die sich auseinander schrauben lässt. So kann man, falls sie verstopft, die festgesetzten

Teilchen leicht entfernen. Einfüll- und Auffang-Behälter der Mühle sollten aus Glas sein, es wird von den ätherischen Ölen nicht angegriffen. Kunststoffbehälter werden sehr schnell stumpf und unansehnlich.

RÖSTEN IN ÖL

Sehr gut können Sie ganze Gewürze auch in Ghee oder Öl anrösten. Zusammen mit getrockneten Chilis und/oder Curryblättern entsteht so eine »Tadka«, ein in Indien typisches Würzöl, das am Ende des Kochens über das Gericht gegeben wird.

GEWÜRZE RICHTIG AUFBEWAHREN

Ganze und gemahlene Gewürze werden am besten lichtgeschützt in Metalldöschen oder braunen Gläsern im Schrank oder einer Gewürz-Schublade aufbewahrt und nicht in der Nähe feuchter Lebensmittel. Ebenso wichtig ist die mäßige Raumtemperatur, weshalb Gewürzbehälter weder im Kühlschrank noch in Heizungsnähe lagern sollten. Der denkbar schlechteste Platz ist direkt über dem Herd. Richtig gelagert sind ganze Gewürze bis zu 3 Jahren, manche sogar bis zu 5 Jahren haltbar.
Gemahlene Gewürze verlieren schneller an Aroma, Geschmack und Farbe, denn durch das Mahlen haben sie eine große Oberfläche. Nach 1–2 Jahren sind sie zwar nicht »schlecht«, aber lange nicht mehr so aromatisch wie zu Beginn.

PORTIONSWEISE WÜRZEN

Für Schmorgerichte ist diese Methode sinnvoll: Sobald man z. B. Zwiebeln glasig angedünstet hat, gibt man eine erste Portion der Gewürze dazu, röstet sie sanft an und löscht dann mit Flüssigkeit ab. Kurz vor dem Servieren wird nochmals abgeschmeckt. Gerade bei Gewürzmischungen, die sowohl stabile, als auch sehr flüchtige Aromen enthalten, ist diese Methode perfekt: Die stabilen Aromen (wie Lorbeer) haben von Beginn an die Chance, sich voll zu entwickeln, während die flüchtigen (wie Kardamom) längst verflogen sind. Durch ein zweites Würzen kommen diese noch einmal richtig zur Geltung.

SALZ – EIN UNVERZICHTBARES MINERAL

Wir können es nicht riechen, aber eindeutig schmecken: Salz ist die vielleicht wichtigste Würze, denn ohne Salz würde selbst ein großartig gewürztes Essen fade schmecken. Es ist der natürlichste Geschmacksverstärker überhaupt. Außerdem braucht unser Organismus Salz, denn es enthält wertvolle Mineralien und Spurenelemente. Ein Zuviel ist wiederum nicht zuträglich, denn Salz bindet das Wasser im Körper. Etwa 6 Gramm pro Tag sind ausreichend.

Raffiniertes Salz schmeckt nur salzig, es enthält keine der geschmacksgebenden Mineralien. Man kann es getrost für das Kochen von Kartoffeln und Nudeln verwenden. Geht es jedoch darum, ein Steak, ein Dressing oder feines Gemüse abzuschmecken, greifen wir zu einem möglichst hochwertigen Salz.

DIE AUSWAHL IST RIESIG

Gut zu wissen: Auch das edelste Salz besteht zu ca. 97 Prozent aus Natriumchlorid. Nur die restlichen Anteile sind tatsächlich geschmacksgebend.

Fleur de Sel enthält viele dieser geschmacksgebenden Mineralien. Es ist die oberste Salzschicht, die in den mediterranen Salzgärten von der Oberfläche mit Hand geschöpft wird, und hat eine gewisse Restfeuchtigkeit. Es wird über fertige Gerichte gestreut. Das darunter liegende **Sel gris** (graues Salz) enthält Partikel von Erde und Algen, was sich in seiner Farbe zeigt.

Steinsalz ist das viele Millionen Jahre alte Salz früherer Meere. Das durch Austrocknung der Meere und Einlagerung in Steinschichten entstandene Salz enthält keine Restfeuchtigkeit und ist – im Gegensatz zu den feuchten Salzen – ideal für die Salzmühle. Ebenfalls ein Steinsalz ist das **rosa Himalayasalz,** das grob oder fein gemahlen angeboten wird oder auch in ganzen Kristallbrocken, die sich gut reiben lassen. Es schmeckt etwas milder, aber die gesundheitlichen Vorteile, die ihm nachgesagt werden, lassen sich nicht nachweisen.

Das feine **Flockensalz** aus England (**Maldon Sea Salt**) hat eine knusprige Struktur und einen feinen Geschmack nach »Meer«. Das ebenfalls flockige rosafarbene **Murray River Salt** aus Australien ist besonders mild und wird gern als »Seide der Salze« bezeichnet.

Rauchsalz wird über Eichenholz oder Hickoryholz geräuchert und nimmt den rauchigen Geschmack an. Man sollte aber darauf achten, dass es wirklich geräuchert wurde und nicht mit »Flüssigrauch« aromatisiert wurde.

Rotes Hawaiisalz verdankt seine Farbe einer bestimmten Tonerde, die Eisenoxid enthält. Es schmeckt mild-salzig mit einem leicht süßlichen Abgang. **Schwarzes Hawaiisalz** erhält seine Färbung und den typischen Geschmack durch die Zugabe von Aktivkohle. Es schmeckt mild und dazu leicht nussig und rauchig.

Salzperlen entstehen vollkommen natürlich am Rand eines Salzsees nahe dem Roten Meer. Die eher mürben Kügelchen von 3 mm bis knapp 2 cm Größe sind eine echte Rarität.

Dem schwarzen indischen Salz **Kala Namak** werden bei der Herstellung Samen bestimmter Hülsenfrüchte beigemengt. Es schmeckt ungewöhnlich intensiv durch den hohen Gehalt an Schwefelwasserstoff. Seine eher dunkel-rötliche Farbe verdankt es dem ebenfalls hohen Eisengehalt.

SALZ MIT WÜRZE

In Supermärkten und Feinkostgeschäften gibt es jede Menge an klassischen Knoblauch-, Sellerie- und Kräutersalzen; dazu ausgefallene Salzmischungen mit Blüten, Pilzen, Zitrusschalen oder Gewürzen, die sich auch gut selber machen lassen (s. S. 139).

GEWÜRZE

VON A–Z

Trachyspermum ammi

AJOWAN

ANDERE NAMEN › Adjowan, Ajwain, indischer Kümmel, Königs-
kümmel. Englisch: bishop's weed.

ANBAULÄNDER › Indien, Iran, Ägypten, Äthiopien, Pakistan und
Afghanistan.

AUSSEHEN › Die fast kugeligen, dunkelbraunen, knapp 1 mm kleinen
Früchte haben ausgeprägte Längsrippen und erinnern
an die etwas größeren Selleriesamen.

AROMA & GESCHMACK › Ajowan duftet intensiv und kräftig nach
Thymian, besonders, wenn man die Samen im Mörser
zerstößt. Dazu kommen Töne nach Liebstöckel, Kümmel,
Limetten und Tannennadeln. Der Geschmack ist ähnlich
kräftig thymianartig, dabei scharf und brennend wie
Kreuzkümmel. Der Nachgeschmack ist herb.

WIRKUNG › Ajowan ist stark antiseptisch. Ajowan-Wasser wird z. B. zum Mundspülen verwendet. Dazu wirkt Ajowan schweißtreibend und verdauungsfördernd, hilft bei Blähungen und bei Durchfall- und Magenerkrankungen.

ANGEBOTSFORMEN › Als ganze Samen.

IN DER KÜCHE › Sie können Ajowan-Samen roh (ganz oder gemörsert) verwenden oder zunächst in einer trockenen Pfanne bei mittlerer Hitze behutsam rösten, bis sie duften. Zum Mahlen oder Mörsern unbedingt komplett auskühlen lassen. Am besten rösten Sie die Samen in etwas Öl oder Ghee an, denn die enthaltenen ätherischen Öle sind eher fett- als wasserlöslich. Danach die Samen mit oder ohne Öl verwenden oder auch nur das aromatisierte Öl nehmen. Wegen des intensiven Geschmacks Ajowan sparsam dosieren.

> **MINIREZEPT ZUM KENNENLERNEN: INDIA-STAMPFKARTOFFELN**
> 1 kg Kartoffeln schälen und in Salzwasser mit ½ TL Kurkumapulver garen. 3–4 EL Erdnussöl erhitzen, 2 TL Ajowansamen darin behutsam anrösten, vom Herd nehmen und im Öl ziehen lassen. Kartoffeln abgießen, ausdampfen lassen und mit dem Stampfer zu einem groben Püree verarbeiten, das Ajowanöl untermischen. Stampfkartoffeln mit Koriandergrün und klein gehackten Frühlingszwiebeln bestreuen. Ideale Beilage zu Fisch.

BESONDERS GUT ZU › Gerichten der indischen Küche, hier hauptsächlich zu Hülsenfrüchten, zu Kartoffeln, Fladenbrot, pikantem Gebäck und anderen stärkehaltigen Produkten. Daneben passt Ajowan sehr gut zu Fischgerichten und wegen seiner Ähnlichkeit zu Thymian auch zu mediterranen Spezialitäten mit Tomaten, Zucchini oder Auberginen.

VERTRÄGT SICH GUT MIT DIESEN GEWÜRZEN › Chili, Ingwer, Fenchel, Gewürznelken, Knoblauch, Koriander, Kurkuma, Pfeffer, Zimt, Schwarzkümmel, schwarzer Senf und Piment.

WISSENSWERTES › In der äthiopischen Küche wird die Gewürzmischung »**Berbere**« für Eintöpfe benutzt. Sie ist in der Zusammenstellung variabel. Viele Mischungen enthalten aber neben Chili, Ingwer, Knoblauch, Gewürznelken, Koriander und Piment auch Ajowan.
Das hierzulande nicht allzu bekannte Gewürz findet man in Asienläden auch unter dem englischen Namen »lovage seed«, was aber botanisch gesehen falsch ist. Denn bei Ajowan handelt es sich nicht um Liebstöckelsamen.

Mangifera indica

AMCHOOR

ANDERE NAMEN › Amchur, Umchoor. Englisch: amchur powder.

ANBAULÄNDER › Indien.

AUSSEHEN › Das Pulver aus getrockneter Mango ist wie die Scheiben blass-beige bis hellbraun und manchmal leicht klumpig.

AROMA & GESCHMACK › Da Amchoor aus getrockneten grünen, unreifen Mangos hergestellt wird, ist das Aroma nicht mit dem blumigen, fruchtig-süßen Aroma reifer Mangos zu vergleichen. Amchoor riecht süßsäuerlich, dezent nach Trockenfrüchten. Der Geschmack ist erfrischend säuerlich wie milder Essig mit Anklängen an Tamarinde und Limettenblatt.

ANGEBOTSFORMEN › Meist gemahlen als Pulver, auch als getrocknete Frucht in Scheiben. Erhältlich in indischen Läden.

IN DER KÜCHE › Amchoor wird als Säuerungsmittel in Marinaden gerührt oder direkt an Suppen oder Eintopfgerichte gegeben. Als Streugewürz zum nachträglichen Würzen bei Tisch. Bei Fleisch wird es als Zartmacher eingesetzt. Amchoor sparsam dosieren. Kann durch frische Zitronen ersetzt werden.

BESONDERS GUT ZU › Gerichten der indischen Küche, vor allem zu Hühnchen und gegrilltem Fisch. Zu Currygerichten. Zu Linsen, Kichererbsen, Kartoffeln, Bohnen, Auberginen, Blumenkohl. Zu Paneer, dem indischen Frischkäse, und süßlichem Obst wie Melone, Banane oder Papaya.

VERTRÄGT SICH GUT MIT DIESEN GEWÜRZEN › Koriander, Kurkuma, Kreuzkümmel, Ingwer, Galgant, Chili, Zimt, Pfeffer, Gewürznelken, Zitronengras, Limettenblatt, Minze.

Syzygium anisatum; backhousia anisata (veraltet)

ANISMYRTE

ANDERE NAMEN › Anisata. Englisch: aniseed myrtle, native anise.

ANBAULÄNDER › Australien.

AUSSEHEN › Die getrockneten, gerebelten Blätter sind blass-olivgrün und von etwas unregelmäßiger Struktur.

AROMA & GESCHMACK › Der Duft ist sehr fein und gleichzeitig intensiv: sehr süß ohne herbe oder zitronige Noten, eher nach Sternanis als nach Anis. Stark nach Lakritze oder Sambuca bzw. Pernod duftend, an Estragon erinnernd.
Der Geschmack ist zunächst krautig-herb, gefolgt von einem eher schwachen Anisgeschmack, der erst im Abgang wieder deutlicher wird.

ANGEBOTSFORMEN › Getrocknete, gerebelte Blätter und Blattstielteile.

IN DER KÜCHE › Anismyrte wird in kalte Gerichte einfach eingestreut. Man soll sie möglichst nicht zu lange mitkochen. Am besten kurz vor dem Servieren unterrühren.

BESONDERS GUT ZU › Fisch und Meeresfrüchten. Kalb, Geflügel und Eierspeisen. Desserts wie Eiscreme und Fruchtpürees aus Pfirsich, Melone oder Nektarine. Passt auch zu süßen und pikanten Zubereitungen aus Frischkäse, Crème fraîche, Quark, Fetakäse oder Joghurt und in Würzbutter. Für Marinaden, Dips und Saucen. Als Kräutertee und in Teemischungen. Für Gebäck. Zum Aromatisieren von Essig und Öl.

VERTRÄGT SICH GUT MIT DIESEN GEWÜRZEN › Lemon Myrtle, Anis, Fenchel, Chili, Amchoor, grüner Pfeffer, Bergpfeffer, Lorbeer.

Pimpinella anisum

ANIS

ANDERE NAMEN › Brotsamen, süßer Kümmel, römischer Fenchel.
Englisch: anise.

ANBAULÄNDER › Hauptanbaugebiete im Mittelmeerraum (Spanien,
Italien, Frankreich, Türkei). Auch Süd-Russland und
Georgien, Indien und Mexiko. Besonders gute Qualitäten
kommen aus Apulien (Italien).

AUSSEHEN › Anissamen sind eiförmig und längs gerippt, 3–5 mm
lang und 2–2,5 mm breit. Die Farbe variiert zwischen Grau-
grün, Gelbgrün und Hellbraun.

AROMA & GESCHMACK › Der Duft ist süßlich, fein-würzig, angenehm
frisch mit einer deutlichen Lakritznote. Der Geschmack ist
ähnlich: süßlich, fein mit dem Geschmack nach Lakritz.

WIRKUNG › Wegen seiner schleimlösenden Kräfte wird Anis als Hus-
tenmittel eingesetzt, wegen seiner verdauungsfördernden

Wirkung auch gegen Magen-Darm-Beschwerden – meistens in Form von Anistee. Dazu 1 TL Anissamen im Mörser anstoßen und mit einer Tasse kochendem Wasser übergießen. Die Mischung 10 Minuten ziehen lassen.

ANGEBOTSFORMEN › Als ganze Samen, geschrotet oder gemahlen.

IN DER KÜCHE › Zum Backen von Brot und für pikante Gerichte werden die ganzen oder geschroteten Samen verwendet, für Gebäck und Süßspeisen die gemahlenen Samen. In der indischen Küche werden die Samen in der Regel zunächst in Ghee oder Öl angeröstet.

MINIREZEPT ZUM KENNENLERNEN: ANISPLÄTZCHEN
3 Eier verrühren, 250 g Puderzucker dazusieben und zusammen schaumig rühren. 250 g Mehl mit 1 TL gemahlenem Anis und 1 Prise Salz mischen, darübersieben und unterrühren. Teig in einen Plastikbeutel füllen, eine Spitze abschneiden. Teig in kleinen Häufchen auf ein Blech mit Backpapier spritzen. 6–8 Std. trocknen lassen, dann im vorgeheizten Ofen bei 175 °C (Mitte, Umluft 160 °C) 7–8 Min. backen.

BESONDERS GUT ZU › süßen wie pikanten Gerichten. Anis passt zu Weihnachtsgebäck (Springerle, Lebkuchen), Kompott, besonders Apfelkompott, und süßen Aufläufen, harmoniert aber auch mit gebratenem oder gedünstetem Fisch und Muscheln sowie gegartem Gemüse wie Blumenkohl, Möhren und Kürbis.
In Indien wird Anis überwiegend für herzhafte Gerichte verwendet, vor allem für Fisch- und Gemüsecurrys oder Linsengerichte.

VERTRÄGT SICH GUT MIT DIESEN GEWÜRZEN › Ingwer, Gewürznelken, Muskatnuss, Macis, Vanille, Koriander, Kümmel, Kardamom, Knoblauch, Fenchel, Piment, Sternanis, Zimt.

WISSENSWERTES › Zu gleichen Teilen mit Fenchel und Kümmel gemischt ist Anis Bestandteil des traditionellen Brotgewürzes. Dieselbe Mischung wird auch als Magen-Tee zubereitet. Dazu die Samen vorher im Mörser anstoßen. Anis wurde schon im alten Ägypten benutzt (Funde im Pharaonengrab, 1500 v. Chr.) und im antiken Griechenland und Rom zum Backen von Brot und Kuchen verwendet. Pythagoras und Hippokrates empfahlen es als Heilmittel: Anis sollte u. a. den Atem verbessern. Bis heute ist Anisöl Bestandteil von Mundwässern.
Die Samen liefern das bestimmende Aroma für Spirituosen wie Sambuca, Pastis, Pernod, Raki oder Ouzo.

Bixa orellana

ANNATTO

ANDERE NAMEN › Orleansstrauch, Achiotesamen. Englisch: lipstick tree, annatto seed, achote seed. Auch hinter dem Lebensmittel-Farbstoff E 160b verbirgt sich Annatto.

ANBAULÄNDER › Karibik, Mexiko und tropisches Südamerika.

AUSSEHEN › Die matten, ziegelroten bis braun-roten, harten Samen des Orleansstrauchs erinnern an große Bockshornkleesamen.

AROMA & GESCHMACK › Annatto duftet zart-blumig nach Veilchen und etwas fruchtig, entfernt an Rhabarber erinnernd. Frische Samen schmecken leicht pfeffrig und süß. Bei den getrockneten ist dieser Geschmack kaum wahrnehmbar, sie schmecken nur noch erdig-bitter, ein wenig wie Kurkuma.

ANGEBOTSFORMEN › Hierzulande bekommt man nur getrocknete Samen – ganz oder fertig gemahlen.

IN DER KÜCHE › Annatto wird traditionell zum Färben von Speisen eingesetzt. Am besten verwendet man nur die rötlichen Samen und nicht die schon braun gewordenen. Sie werden im Ganzen an Suppen und Reis gegeben oder erst in heißem Wasser gelöst, können vorher gemahlen werden. Oder Öl mit den Samen unter Rühren erhitzen, bis es orange-rote Farbe angenommen hat. Dann abseihen und im Kühlschrank lagern.

BESONDERS GUT ZU › mittel- und südamerikanischen Gerichten. Zum Marinieren von Schweinefleisch, Hähnchen, Fisch.

VERTRÄGT SICH GUT MIT DIESEN GEWÜRZEN › Paprika, Cayenne, Kreuzkümmel, Zimt, schwarzer Pfeffer, Kubeben, getrocknete Orangenschale, Gewürznelken, Knoblauch.

Ferula assa-foetida

ASANT

ANDERE NAMEN › Teufelsdreck, Stinkasant. Englisch: asafoetida, stinking gum, devil's dung.

ANBAULÄNDER › Indien, Afghanistan, Pakistan, Iran.

AUSSEHEN › Das Harz, d. h. der getrocknete Milchsaft aus der Wurzel des Asants, ist rötlich-braun. Das daraus gewonnene gelbliche Pulver erhält seine Farbe von anderen Zutaten.

AROMA & GESCHMACK › Asant riecht schwefelig, knoblauchähnlich und etwas nach verfaulten Zwiebeln, in der moderaten Pulverform nicht unangenehm würzig. Der Geschmack ist intensiv knoblauchartig, herb-würzig und leicht scharf.

WIRKUNG › In der Naturheilkunde ein Mittel gegen Blähungen.

ANGEBOTSFORMEN › Meistens als Pulverzubereitung mit Mehl, Gummi arabicum und Kurkuma. Der intensive Geruch wird dadurch etwas gemildert. Es gibt auch Asantpulver, das mit Bockshornklee gemischt ist. In Asienläden kann man das Harz manchmal auch in Stückchen kaufen.

IN DER KÜCHE › Asant nur in winzigen Mengen einem Gericht zugeben. Durch Kochen verflüchtigt sich der schweflige Geruch.

BESONDERS GUT ZU › Gerichten der indischen Küche, besonders zu vegetarischen Dals und Currys. Auch zu Fisch, Geflügel, Suppen, Saucen und Chutneys.

VERTRÄGT SICH GUT MIT DIESEN GEWÜRZEN › Kreuzkümmel, Amchoor, schwarzer Pfeffer, Ajowan, Chili, Minze, Koriander, schwarzer Senf, Kurkuma, Bockshornklee.

WISSENSWERTES › Die Bramanen schätzen Asant, da ihre Religion den Verzehr von Knoblauch und Zwiebeln nicht erlaubt.

Tasmannia lanceolata

BERGPFEFFER
(BEEREN UND BLÄTTER)

ANDERE NAMEN › Tasmanischer Pfeffer, tasmanischer Bergpfeffer.
Englisch: pepperberry, alpine pepper, mountain pepper,
pepper leaves.

ANBAULÄNDER › Tasmanien und Australien (vor allem Queensland
und Victoria).

AUSSEHEN › Die 5–6 mm großen Bergpfefferbeeren sind kugelig mit
etwas rauer Oberfläche und haben seitlich kleine Furchen.
Die Farbe ist bläulich-schwarz, um den Stielansatz herum
sind die Beeren etwas heller.
Die von derselben Pflanze stammenden Bergpfefferblätter
sind länglich, spitz und zudem deutlich schmaler als
Lorbeerblätter.

AROMA & GESCHMACK › Die Pfefferbeeren duften süßlich und fruchtig nach dunklen Beeren mit Noten von Terpentin und Lorbeer. Der Geschmack ist zunächst ebenfalls süßlich-fruchtig, dann kampfer- und terpentinartig und herb. Die Schärfe entwickelt sich langsam. Das Schärfeerlebnis ist kräftig, nimmt aber rasch wieder ab und hinterlässt ein leichtes Taubheitsgefühl, ähnlich wie z. B. bei Szechuanpfeffer.
Die Pfefferblätter duften holzig, etwas nach getrocknetem Basilikum und mit deutlicher Eukalyptusnote. Ihre Schärfe ist milder als die der Beeren.

ANGEBOTSFORMEN › Die Pfefferbeeren werden meist im Ganzen angeboten, die Blätter fein geschnitten.

IN DER KÜCHE › Man kann die Beeren im Ganzen verwenden oder schroten, zerstoßen, mahlen oder mit einem Messer hacken. Wenn sie im Ganzen mitkochen, verlieren sie rasch an Schärfe und färben helle Gerichte (helle Saucen, Ragouts) gräulich-blau. Am besten in letzter Minute frisch über das Essen mahlen, sonst gehen die vielen feinen Geschmacksnuancen verloren.
Auch die Blätter verlieren beim Kochen Geschmack, Aroma und Schärfe. Sie sind ideal für kalte Dips und Dressings geeignet.

> **MINIREZEPT ZUM KENNENLERNEN: BERGPFEFFER-BUTTER**
> 250 g zimmerwarme Butter mit ¼ TL Salz schaumig rühren. 3 TL Pfefferblätter, 2 TL frisch zerstoßene Pfefferbeeren und 2 TL abgeriebene Bio-Zitronenschale untermischen. Pfefferbutter mit einem Spritzer Zitronensaft abschmecken. In Frischhaltefolie zur Rolle formen und im Kühlschrank fest werden lassen. Butter in Scheiben schneiden und auf Steak, Fisch oder gedämpftem Gemüse anrichten.

BESONDERS GUT ZU › Steaks (Rind, Lamm, Strauß, Känguru), zu Wild, gegrilltem Fisch, Räucherlachs, Kartoffeln, Auberginen, Tomaten und auf Früchten (Ananas, Melone, Mango, Papaya).

VERTRÄGT SICH GUT MIT DIESEN GEWÜRZEN › Wattleseed, Ingwer, Zitronengras, Lemon Myrtle, Koriander, Zitronenschale, Chili, Wacholder, rosa Pfefferbeeren, Thymian, Lorbeer.

WISSENSWERTES › Tasmanischer Bergpfeffer ist kein echter Pfeffer.

Trigonella foenum-graecum

BOCKSHORNKLEE

ANDERE NAMEN › Griechisch Heu, Heu-Samen. Englisch: fenugreek.

ANBAULÄNDER › Hauptanbaugebiete in Indien und Marokko. Kleine Anbauflächen auch in Deutschland und Frankreich.

AUSSEHEN › Die gelb-bräunlichen sehr harten Samen sind eckig bis eiförmig und 3–5 mm lang. Das frische Kraut erinnert an länglichen Klee. Die länglich-eiförmigen Blätter sind 1,5–4 cm lang. Das getrocknete Kraut ist hell olivfarben und nur grob zerkleinert.

AROMA & GESCHMACK › Der Duft der Samen – besonders, wenn sie frisch gemahlen sind – und des getrockneten Krautes ist intensiv würzig und erinnert an Sellerie und Liebstöckel (»Maggi-Kraut«), wobei das Kraut zarter duftet und zusätzlich ein grasiges Aroma hat. Der Geschmack ist ähnlich würzig, dazu aber herb (das Kraut) bis sehr bitter (die Samen).

WIRKUNG › Bockshornklee wirkt appetitanregend und damit auch verdauungsfördernd. Dazu soll er Cholesterin und Blutzucker senken.

ANGEBOTSFORMEN › Als ganze Samen oder fertig gemahlen. Das Kraut getrocknet und grob zerkleinert.

IN DER KÜCHE › Samen trocken rösten und mahlen. Das Rösten und auch langes Kochen mildern den bitteren Geschmack. Sie können auch 1–2 Tage in Wasser eingeweicht werden, wodurch sie weicher und ebenfalls milder werden. Anschließend mörsern oder im Ganzen verarbeiten, z.B. für Würzpasten und Dips. Vorgeweichte Samen können auch gekeimt werden. Die Sprossen schmecken würzig-nussig. Das trockene Kraut im Mörser oder zwischen den Fingern zerreiben und z.B. über Linsen oder Reis streuen. Man kann es auch in Wasser oder Milch einweichen und die aromatisierte Flüssigkeit weiterverarbeiten.

> **MINIREZEPT ZUM KENNENLERNEN: KARTOFFELGRATIN MIT BOCKSHORNKLEE**
> 1 kg Kartoffeln schälen und in dünne Scheiben hobeln. 200 g Sahne mit Salz, Pfeffer, 1 TL gemahlenen Bockshornkleesamen und 2 TL fein zerriebenen getrockneten Bockshornkleeblättern mischen. Kartoffeln in eine gebutterte Auflaufform schichten, erst die Sahnemischung darübergießen, dann soviel Milch, dass die Kartoffeln knapp bedeckt sind (ca. ¼ l). Gratin im vorgeheizten Ofen bei 180 °C (Mitte; Umluft 160 °C) ca. 45 Min. backen.

BESONDERS GUT ZU › Brot. Außerdem passt Bockshornklee gut zu allen Hülsenfrüchten, zu Kartoffeln und Wurzelgemüsen.

VERTRÄGT SICH GUT MIT DIESEN GEWÜRZEN › Koriander, Kurkuma, Kreuzkümmel, schwarzer Senf, Fenchel, Schwarzkümmel, Pfeffer, Chili, Kardamom, Ingwer, Ajowan.

WISSENSWERTES › Bockshornklee ist einer der wichtigsten Bestandteile von nahezu allen Currymischungen und von der bengalischen Mischung »Panch Phoron« (Rezept S. 134). Eng verwandt ist **Schabzigerklee** *(Trigonella caerulea)*. Das getrocknete Kraut wird fein gemahlen verkauft. Es duftet intensiv nach Heu und schmeckt würzig-herb. Man verwendet es traditionell für den Schweizer Schabzigerkäse und das Vinschgauer Fladenbrot. Bistirma, würziges luftgetrocknetes Rindfleisch, erhält seinen typischen Geschmack aus einer Mischung von Bockshornklee, Paprika, Kreuzkümmel und Knoblauch.

Solanum centrale

BUSCHTOMATE

ANDERE NAMEN › Wüstenrosine, Buschrosine, Akudjura (für die gemahlenen Früchte). Englisch: desert raisin.

ANBAULÄNDER › Australien.

AUSSEHEN › Die ca. 1 cm großen, relativ harten Früchte der tomaten-ähnlichen Pflanze haben eine rötlich-orange bis rotbräun-liche, leicht schrumpelige Oberfläche.

AROMA & GESCHMACK › Buschtomaten riechen süßlich bitter, ein wenig wie verbrannter Karamell in Verbindung mit sonnen-getrockneten Tomaten, Bitterschokolade und Hühner-brühe. Der Geschmack ist ähnlich, zuerst recht süß, im Nachgeschmack deutlich herb.

ANGEBOTSFORMEN › Meistens als grobes Pulver, das unregelmäßig und z. T. leicht klumpig aussieht. Selten gibt es die ganzen getrockneten Früchte zu kaufen.

IN DER KÜCHE › Wegen der groben Struktur empfiehlt es sich, die Buschtomaten zunächst im Blitzhacker zu zerkleinern und eventuell zu sieben, je nachdem, ob rustikale Eintöpfe oder feinere Desserts und Saucen damit gewürzt werden. Ganze Buschtomaten kann man ca. 20 Min. einweichen, abseihen und hacken.

Auch gemahlene Buschtomaten kann man mit der etwa doppelten Menge Wasser einweichen. Sie quellen dabei etwas auf. Wegen dieser Quellfähigkeit können Sie zum Binden von Saucen und Suppen verwendet werden. Für Grillspezialitäten fein zerkleinerte Buschtomaten mit etwas Salz mischen und die Mischung vor dem Grillen in Fische oder Fleisch einreiben.

MINIREZEPT ZUM KENNENLERNEN: BUSCHTOMATEN-GEWÜRZ
4 sonnengetrocknete Tomaten (ohne Öl) sehr fein hacken (ergibt ca. 4 EL) und mit 2 EL Buschtomaten, 1 EL geröstetem Sesam, 2 TL getrockneten Knoblauchflakes, 2 TL grob gemahlenem Pfeffer und 1 TL Flockensalz (s. S. 19) mischen. Alles im Blitzhacker nicht zu fein mahlen. Das Buschtomaten-Gewürz passt zu Reis, Pasta, Gemüsepfannen oder Koteletts. Die Mischung einfach aufstreuen.

BESONDERS GUT ZU › typischem »Bushfood« der australischen Küche. Buschtomaten passen zu Rind, Wild und Schwein und schmecken sehr gut auch in Suppen, Saucen und Salsas mit Tomaten. Auf Pasta, in Focaccia, auf Pizza. Auch zu Lachs und Thunfisch, in Chutneys und pikanten Marmeladen.

VERTRÄGT SICH GUT MIT DIESEN GEWÜRZEN › Bergpfeffer, Lemon Myrtle, Wattleseed, Koriander, Zimt, Zimtblüten, schwarzer Pfeffer, Piment, Gewürznelken, Muskatnuss, Paprika.

WISSENSWERTES › Buschtomaten werden geerntet, wenn sie anfangen zu vertrocknen. Erst dann entwickeln sie ihren typischen Geschmack. Sie gehörten zu den Grundnahrungsmitteln der Aborigines und wurden angetrocknet roh gegessen. Buschtomaten sind sehr reich an Vitamin C. Sie gehören wie die »richtigen« Tomaten zu den Nachtschattengewächsen, weshalb man nur voll ausgereifte Früchte verzehren soll. Man kann Buschtomaten auch im Kübel ziehen. Samen gibt es in großen Kräuter- und Samenhandlungen.

Capsicum

CHILI

ANDERE NAMEN › Pfefferschote, Peperoni. Englisch: chili.

ANBAULÄNDER › Mittelamerika, nördliches und mittleres Südamerika, Karibik, Indien, Sri Lanka, Indonesien, Vietnam, Thailand, China, Süd- und Osteuropa.

AUSSEHEN › Chili- und Paprikaschoten gehören zu derselben Familie (s. auch S. 80–85). Die Grenze zwischen beiden Gruppen ist fließend. So gibt es scharfe Paprika- und milde Chili-Sorten. Durch Kreuzung kommen ständig neue Chili-Varianten dazu. Es gibt sie in vielfachen Formen und Farben: stecknadelkopfklein bis über 30 cm lang, grün, orange, hell bis dunkelrot, kugelförmig, spitz zulaufend, lampionförmig, gerade und gebogen. Chilischoten reifen wie auch Paprika von grün über gelb nach rot, manche weiter zu violett, dunkelbraun oder fast schwarz. Grün ist ein Hinweis für Unreife.

WIRKUNG › Capsaicin, der wichtigste Inhaltsstoff, löst einen Schmerz-reiz aus, der die körpereigene Produktion von Endorphinen ankurbelt. Diese »Glückshormone« sorgen für Wohlbe-finden. Man spricht auch von dem »Pepper High Effect« (s. S. 12). Capsaicin kann außerdem zu Schweißausbrüchen führen, um den erhitzten Körper zu kühlen.

Daneben enthalten Chilischoten Betacarotin und mehrere B-Vitamine. Sie regen den Stoffwechsel an und fördern die Bildung von Speichel und Verdauungssäften.

AROMA & GESCHMACK › Chilis können sehr unterschiedlich duften und schmecken: süßlich, fruchtig oder auch rauchig (s. Beschreibungen der beliebtesten Sorten S. 40–43). Aroma und Geschmack, die im Fruchtfleisch stecken, variieren von Sorte zu Sorte. Grüne Chilis zeigen in der Regel typi-schen »unreifen« Geschmack: manchmal leicht säuerlich, oft krautig oder grasig und dabei leicht herb.

DIE SCHÄRFE › Das gemeinsame und hervorstechendste Merkmal der Chili-Familie ist die Chili-Schärfe, für die der Inhaltsstoff Capsaicin verantwortlich ist. Die meiste Schärfe – bis zu 90 Prozent – steckt in der sogenannten Plazenta. Das ist das schwammige, weiße Gewebe innerhalb der Schote und unterhalb des Stieles. An der Plazenta und den von ihr aus-gehenden Trennwänden sitzen die Kerne. Die Kerne sind nur an den Stellen, wo sie mit der Plazenta verbunden sind, scharf und schmecken zudem bitter.

In der Regel sind kleine Chilis schärfer als große und dünnwandige schärfer als dick-fleischige. Lampionförmige Chilis gelten als besonders scharf. Aber es gibt viele Aus-nahmen. So können auch große Chilis sehr feurig sein. Die Schärfe wird aufgeteilt auf der **einfachen Schärfeskala** (s. S. 12, 13) von 1 (mild) – 10 (sehr scharf). Dementspre-chend ist der Schärfegrad bei den einzelnen Sortenbe-schreibungen (s. S. 40–43) angegeben. Außerdem gibt es noch die Einteilung in **Scoville**-Einheiten, benannt nach dem Erfinder Wilbur Scoville (s. S. 13). Habanero-Chilis galten mit 300.000 SHU lange als schärfste Chilis über-haupt. Dann wurde in der indischen »Bhut Jolokia« ein Wert von über 1 Mio. SHU gemessen. Übertroffen wurde das Ergebnis in der jüngeren Zeit von zwei karibischen Sorten (Trinidad Scorpion Butch Taylor und Trinidad Moruga Scorpion) mit Werten bis 2 Mio. SHU. Zum Ver-gleich: Tabasco-Sauce enthält lediglich 2.500–5.000 SHU.

›CHILI

ANGEBOTSFORMEN › Weltweit gibt es über 1.000 Chilisorten, manche nur in frischer Form, manche frisch und getrocknet und andere hierzulande nur getrocknet.

Dickfleischige Sorten wie Jalapeños bekommt man frisch oder frisch eingelegt. Dünnfleischige Chilis werden zumeist an der Sonne im Ganzen getrocknet oder sie werden über Holzfeuer getrocknet, was zu ihrem typischen Rauchgeschmack beiträgt (»Chipotle«).

Getrocknete Chilis werden auch grob zerstoßen (»Flakes«) mit oder ohne Kerne oder fein gemahlen angeboten; dazu auch in Ringen oder dünnen Fäden, die sich besonders gut zum Garnieren von Speisen eignen.

IN DER KÜCHE › Um von frischen Chilis die besonders scharfen Bestandteile zu entfernen, werden sie längs aufgeschnitten und die Stielansätze entfernt. Mit einem spitzen Messer fährt man unterhalb der Kerne an der Fruchtwand entlang und entfernt so die Plazenta, die Trennwände und die Kerne. Anschließend werden sie gewaschen und – je nach Rezept – grob oder fein zerkleinert. Dabei sollte man unbedingt Einweghandschuhe tragen. Kommt Capsaicin auf eine kleine Hautverletzung oder sogar in die Augen, kann es sehr schmerzhaft sein.

Von ganzen getrockneten Chilis den Stielansatz abbrechen und die Samen herausschütteln. Anschließend werden die Schoten eingeweicht und danach zerkleinert oder trocken gehackt bzw. im Blitzhacker zerkleinert.

MINIREZEPTE ZUM KENNENLERNEN: HARISSA

Von 50 g getrockneten Chilischoten die Stielansätze wegschneiden, die Kerne herausschütteln. Schoten mit kochend heißem Wasser begießen, ca. 15 Min. einweichen. 2–3 Knoblauchzehen schälen und hacken.

Chili und Knoblauch mit je 2 TL frisch gemahlenem Kreuzkümmel und Koriander und 2 TL Salz mit 2 EL Olivenöl zu einer eher festen Paste pürieren. In ein Schraubglas füllen und zum Aufbewahren mit Öl bedecken. Für orientalische Saucen, Dips und Eintöpfe, auch zu Lamm und Hülsenfrüchten.

BESONDERS GUT ZU › Gerichten der mittelamerikanischen, asiatischen, afrikanischen und indischen Küche. Durch die Globalisierung und unsere Reiselust werden Chilis zunehmend auch bei uns verwendet und halten sogar in unseren traditionellen Küchen Einzug, besonders in modernen, leichten Gerichten. Seit einigen Jahren liebt man die Kombination von Schokolade und Chili, die perfekt miteinander harmonieren, weil die Süße der Schokolade die Schärfe gut auffängt.

VERTRÄGT SICH GUT MIT DIESEN GEWÜRZEN › Richtig dosiert verträgt sich Chili mit eigentlich allen Gewürzen. Man sollte darauf achten, dass die Schärfe nicht die anderen Geschmacksempfindungen »ausschaltet«.

WISSENSWERTES › Wenn der Mund brennt, darf man keinesfalls Wasser trinken, da Capsaicin nicht wasser-, sondern fettlöslich ist. Wasser würde die Schärfe in Mund und Rachen nur weiter verteilen. Besser helfen Joghurt, Käse oder Milch. Auch zu scharf geratene Gerichte werden durch Zugabe von Milch, Sahne, Joghurt oder Kokosmilch milder.

AJI AMARILLO

Aus Peru. Chili mit süßlichem
Rosinenaroma. Auch getrocknet
im Ganzen oder als gelb-orange-
nes Pulver.
› Schärfegrad 7–8 auf einer einfachen Skala von 1 (mild) –10 (sehr
scharf; s. S. 12, 13).

ANAHEIM

Bekannteste Sorte aus der Gruppe
»New Mexiko Chilis«. Die flei-
schigen, spitzen 12–18 cm großen
Schoten werden roh, gegrillt oder
gefüllt gegessen. Grün geerntete
werden geröstet, rote an der
Sonne getrocknet und auch zu
»Pasado«-Pulver vermahlen.
› Schärfegrad 3–4.

ANCHO

Im frischen Zustand heißen sie
Poblano, getrocknet Chili Ancho.
Sie schmecken fruchtig, süßlich,
auch schokoladig und relativ mild.
Sie eignen sich damit auch für
süße Gerichte. In Mexiko sind sie
Bestandteil der Mole-Sauce.
› Schärfegrad 2–3.

BHUT JOLOKIA

Auch Naga Jolokia. Die aus Indien
stammende 5–8 cm große Chili
wird auch »Geister«- oder »Gift«-
Chili genannt und meistens
frisch verwendet, durch Einlegen
oder Räuchern haltbar gemacht.
› Extrem scharf: Schärfegrad 10+.

BIRDSEYE

1–2 cm kleine, etwas rundliche Chili mit sehr vielen Kernen. Wird in Thailand für Currypasten verwendet. Auch im Ganzen getrocknet im Handel. Schon 1–2 Schoten können ein Gericht für 4 Personen sehr scharf würzen.
> Schärfegrad 9–10.

CAYENNE

Lateinamerikanische Chili mit herbem, leicht rauchigem Geschmack. Das Pulver erhält seine hell-orange Farbe durch mitgemahlene Kerne und Trennwände, was auch die Schärfe erklärt. Oft wird Cayenne »Cayennepfeffer« genannt, was botanisch eindeutig falsch ist.
> Schärfegrad 7–8.

DUTCH RED

Die länglich-schmale bis zu 20 cm lange Schote wird in den meisten Supermärkten angeboten. Die rote, reife Form schmeckt süßlich nach Kirsche und roter Paprika, die grüne unreife Variante wie grüne Gemüsepaprika.
> Schärfegrad 3–6.

GUAJILLO

Aus Mexiko. Frisch heißen sie Mirasol, getrocknet und gemahlen Guajillo. Sie schmecken fruchtig und leicht herb und werden auch gern wegen ihrer Färbekraft verwendet.
> Schärfegrad 4.

HABANERO

Obwohl Habanero »aus Havanna stammend« bedeutet, kommen die lampion- bis paprikaförmigen kleinen Chilis ursprünglich nicht aus Kuba, sondern aus Mexiko. Sie sind auch als scharfes rötliches Pulver erhältlich. Chilis und Pulver sparsam dosieren – sehr scharf.
› Schärfegrad 10+.

JALAPEÑO

Saftige, dickfleischige Schoten. Frischer, grasiger Geschmack. Wenn sie reif und rot sind, schmecken sie süßer, weniger scharf. Schärfegrad 5–6. Durch Trocknen über Holzfeuer bekommen sie Rauchgeschmack, man nennt sie dann »Chili Chipotle«. Grob geschnitten oder gemahlen.
› Schärfegrad 4–5.

PASILLA

Im frischen Zustand heißen sie »Chilaca«, im getrockneten »Pasilla«. Sie schmecken nach Trockenfrüchten und ein wenig nach Lakritz. Die Chilis gehören wie Ancho zur Mole-Sauce.
› Schärfegrad 4–5.

PEPERONI

Im Handel meistens in der grünen Form, selten orange oder rot. Man kennt die länglichgekrümmten Chilischoten von griechischem Bauernsalat – frisch oder in Essig eingelegt.
› Schärfegrad 1–4.

PIMENT D'ESPELETTE

Spezialität aus dem Baskenland. Schmeckt fruchtig, süßlich und leicht rauchig. Erhält Aroma durch Trocknen an der Luft (20 Tage), dann bei 50–55 Grad im Ofen. Fein geschrotet, ideal zum Streuen über fertige Gerichte.
› Schärfegrad 3–4.

SCOTCH BONNET

Ihr Name »Schottenmütze« ist eine Anspielung auf die Form: Sie sind gefurcht und breiter als hoch. Der aprikosenähnliche Geschmack wird beim Kochen zerstört. Deshalb frisch in karibische Gerichte und fruchtige Salsas geben.
› Schärfegrad 10.

TABASCO

Bekannt von der scharfen Würzsauce, die aus Essig, Chili und Salz besteht, mit einem Schärfegrad 4–5.
Die frischen Chilis sind wesentlich schärfer als die Sauce:
› Schärfegrad 8.

THAI-CHILI

Frisch-säuerlich und schneidend scharf. Frisch sind Thai-Chilis perfekt geeignet für Wokgerichte. In Thai-Restaurants sind die Chilis beliebt in Saucen, die zum Nachwürzen bereitstehen.
› Schärfegrad 8.

Murraya koenigii

CURRYBLATT

ANDERE NAMEN › Englisch: curry leaves.

ANBAULÄNDER › Indien, Sri Lanka, Nepal, Kambodscha, Myanmar, Laos, Thailand, Vietnam, China.

AUSSEHEN › Blattstiele mit bis zu 31 dunkelgrünen, länglichen, 2–5 cm großen Blättchen.

AROMA & GESCHMACK › Frisch und angenehm fruchtig, etwas zitrusartig und fein-rauchig. Fein und gleichzeitig sehr komplex, sodass Curryblätter sehr gut als Single-Gewürz neben Salz und Pfeffer oder Chili verwendet werden können. Die getrockneten Blättchen haben einen großen Teil des Aromas eingebüßt, vor allem die zitrusähnlichen Komponenten. Sie riechen dennoch angenehm süßlich und fein-krautig.

ANGEBOTSFORMEN › Frische und getrocknete Blätter in Asienläden. Man kann die Pflanzen auch problemlos im Kübel halten und immer frisch ernten.

IN DER KÜCHE › Die dünnen Blättchen können mitgegessen werden. Getrocknete Blätter im Blitzhacker zerkleinern.

BESONDERS GUT ZU › indischen Gerichten mit Fisch und Geflügel und nahezu allen Gemüsesorten und Hülsenfrüchten.

VERTRÄGT SICH GUT MIT DIESEN GEWÜRZEN › Brauner Senf, Tamarinde, Chili, schwarzer Pfeffer, Koriander, Kurkuma, Kreuzkümmel, Bockshornklee.

WISSENSWERTES › Curry-Mischungen haben immer andere Bestandteile, schmecken also immer anders. Curryblatt ist lediglich eine mögliche Zutat.

Anethum graveolens

DILLSAMEN

ANDERE NAMEN › Gurkenkümmel. Englisch: dill seed.

ANBAULÄNDER › China, Mittel-und Ost-Europa, Skandinavien, Israel.

AUSSEHEN › Die 3–5 mm großen ovalen Samen des Dills sind gerippt, wobei sich die äußeren Rippen wie ein heller Rand um die grau-braune Mitte legen. Eine Seite ist flach, die andere gewölbt.

AROMA & GESCHMACK › Der Geruch ist süßlich und krautig-herb, weniger süß und anisähnlich als das frische oder getrocknete Dillkraut, sondern vielmehr wie eine Mischung aus Kümmel und Dill. Frisch zerstoßen verstärkt sich der kümmelähnliche Eindruck. Der Geschmack ist kräftig und herzhaft, kümmelähnlich, doch ohne die beißende Schärfe des echten Kümmels, gemischt mit Sellerie und der aromatischen Süße von Anis.

ANGEBOTSFORMEN › Als ganze Samen und gemahlen.

IN DER KÜCHE › Dillsamen lassen sich nicht in der Gewürzmühle mahlen. Auch im Mörser oder in der Elektromühle werden sie nur grob zerkleinert. Man kann sie lediglich grob zerstoßen oder im Ganzen mitkochen.

BESONDERS GUT ZU › Gurken. Dillsamen sind ein klassisches Einlegegewürz, oft auch in Form der ganzen Dillblüten und zum Aromatisieren von Essig. Daneben passen die Samen zu Fisch, auch als Bestandteil einer Fisch-Gewürzmischung. In Indien sind sie Bestandteil von Masalas.

VERTRÄGT SICH GUT MIT DIESEN GEWÜRZEN › Koriander, Limette, Kreuzkümmel, Chili, Ingwer, Senfsamen, Orangenschale, Lorbeer, Fenchel, Anis, Piment, grüner Pfeffer.

Foeniculum vulgare

FENCHELSAMEN

ANDERE NAMEN › Gewürzfenchel, Gartenfenchel. Englisch: fennel, sweet cumin.

ANBAULÄNDER › Hauptanbaugebiete im Mittelmeerraum, vor allem in Ägypten, auch China und Indien.

AUSSEHEN › Die länglich-ovalen, deutlich gerippten Samen des Fenchels sind 6–8 mm lang und hellgrün bis gelblich-grün.

AROMA & GESCHMACK › Fenchel duftet lakritzartig süß, aber weicher und milder als Anis, untermalt von Tönen nach frischen Haselnüssen. Frisches Zerkleinern verstärkt die Aromen. Der Geschmack ist ebenfalls süßlich, doch weniger süß als Anis und begleitet von einer sowohl herb-krautigen wie kampferartigen Note.

WIRKUNG › Fenchel wirkt – besonders als Tee – beruhigend bei Magen- und Darmbeschwerden und wird wegen seines milden

Geschmacks kleinen Kindern gegen Blähungen gegeben. Fenchel hilft außerdem bei der Fettverdauung und gilt wegen seiner sanft appetithemmenden Wirkung auch als gesunde Diäthilfe.

ANGEBOTSFORMEN › Als ganze Samen oder fertig gemahlen.

IN DER KÜCHE › Durch trockenes Rösten der ganzen Samen wird die Süße verstärkt und der leicht bittere Nachgeschmack reduziert. Für das pulverfeine Mahlen in der Gewürzmühle oder Zerstoßen im Mörser sind die Samen zu weich. Man kann sie aber mit einem schweren Messer hacken oder in einer elektrischen Mühle so weit zerkleinern, dass sie sich für Saucen oder Gebäck eignen.

MINIREZEPT ZUM KENNENLERNEN: PASTASAUCE MIT FENCHEL
1 Zwiebel und 2 Knoblauchzehen schälen, hacken und in 2–3 EL Olivenöl glasig dünsten. 4 Sardellenfilets in Öl abtropfen lassen, hacken und unterrühren, bis sie zerfallen. 2 EL Tomatenmark dazugeben und anrösten. Alles mit 1 Dose Pizzatomaten ablöschen. Aufkochen, 1 TL gehackte Fenchelsamen dazugeben und 10 Min. köcheln lassen. Sauce mit Salz, Pfeffer und 1 Prise Zucker abschmecken.

BESONDERS GUT ZU › Fisch und Meeresfrüchten, Lamm, Huhn, Ente und Schwein. Zu Kartoffeln, Gurken, Roten Beten, Tomaten, Zwiebeln, Lauch und Kohl. Zu allen Hülsenfrüchten, besonders zu Linsen. Zu Brot und Gebäck.
Auch der italienischen Wurstspezialität »Salsiccia« verleiht Fenchel den typischen Geschmack.

VERTRÄGT SICH GUT MIT DIESEN GEWÜRZEN › Koriander, Kurkuma, Kreuzkümmel, Schwarzkümmel, Bockshornklee, Zimt, Szechuanpfeffer, Sternanis, schwarzer Pfeffer, Minze.

WISSENSWERTES › Fenchel wird in Indien nach dem Essen als Verdauungshilfe und Atem-Erfrischer gereicht, oft mit einer dünnen Zuckerschicht umgeben. Mit Sternanis, Szechuanpfeffer, Gewürznelken und Cassiazimt gehört Fenchel zum chinesischen 5–Gewürz (Rezept S. 134).
Eher selten in den Gewürzläden zu bekommen sind die hoch-aromatischen **Fenchelpollen,** meist gemischt mit den getrockneten Blüten. Der »Goldstaub« oder das »Engelsgewürz« veredelt nahezu alle Gerichte von Edelfisch über Risotto bis zu Desserts. Der Duft ist einerseits fenchelartig süß, dazu blumig, zart und intensiv zugleich. Der Geschmack ist bei aller Zartheit sehr komplex, darunter sind feine, frische Nussaromen auszumachen.

Alpinia galanga

GALGANT

ANDERE NAMEN › Großer Galgant, Galanga, Siam-Ingwer, Thai-Ingwer oder Laoswurzel. Englisch: galanga, siamese ginger.

ANBAULÄNDER › Thailand, Malaysia, Indonesien.

AUSSEHEN › Die frischen, etwa daumendicken Rhizome haben eine rosa-bräunliche Schale und ein weißliches, manchmal zart-rosa eingefärbtes Fruchtfleisch. Die Außenhaut ist gerippt, dazwischen sieht man als dunkle »Punkte« die Sprossenan-sätze. Das Fruchtfleisch ist saftig, aber holzig und faserig.

AROMA & GESCHMACK › Frischer Galgant riecht süßlich, frisch-säuer-lich sowie pfeffrig und kampferartig. Er schmeckt kampfer-artig frisch, süßlich-bitter mit leicht brennender Schärfe. Ge-trocknet riecht er holzig-würzig, süßlich-herb nach Zimt mit pfeffriger Note. Er schmeckt ingwerähnlich und zimtartig mit einem holzigen und kampferartigen Nachgeschmack.

WIRKUNG › Galgant wirkt appetitanregend, verdauungsfördernd und krampflösend. Er ist wirksam bei Seekrankheit und fiebrigen Erkältungskrankheiten.

ANGEBOTSFORMEN › Frische Rhizome in Asienläden. Dort findet man auch geschälte und zerkleinerte Rhizome in Öl. Getrocknete Rhizome in Stücken oder zu Pulver gemahlen.

IN DER KÜCHE › Galgant wird prinzipiell wie Ingwer geschält und dann gerieben oder geschnitten. Allerdings machen die dunklen, tief verwurzelten Ansätze der Seitensprossen und die holzige Beschaffenheit die Zubereitung etwas mühsam. In Suppen und Wokgerichten mit Kokosmilch werden ganze Galgantscheiben mitgekocht, aber nicht gegessen. Anderenfalls wird er fein gerieben bzw. gehackt, oder man benutzt eingelegten Galgant. Das Pulver ist immer gut einsetzbar, der Geschmack unterscheidet sich aber deutlich vom frischen Galgant. Getrockneter Galgant in Stücken wird für Tee und Suppen verwendet oder vor der Weiterverarbeitung eingeweicht. Frischer Galgant ist in Folie gewickelt im Kühlschrank 3–4 Wochen haltbar.

MINIREZEPT ZUM KENNENLERNEN: LEBKUCHENTRÜFFEL
50 g Bitterschokolade und 50 g Vollmilchschokolade in Stückchen über einem heißen Wasserbad schmelzen. 200 g Lebkuchen ohne Oblaten fein zerbröseln, mit 2 TL gemahlenem Galgant und 4 EL Kaffee-Likör mischen und etwas quellen lassen. Mischung mit der lauwarmen Schokolade verkneten. Kleine Kugeln daraus formen und in dunklem Kakaopulver wälzen.

BESONDERS GUT ZU › thailändischen und indonesischen Gerichten. Galgant ist Bestandteil der Thai-Currypasten und von der Hähnchen-Kokossuppe »Tom Kha Gai«. Er passt in viele Wokgerichte, in denen sonst Ingwer verwendet wird. Gehört an Nasi Goreng und andere Reisgerichte. Er harmoniert mit Fisch und Fleisch und ergänzt Süßspeisen wie Gebäck, Zwetschenkompott oder Apfelkuchen.

VERTRÄGT SICH GUT MIT DIESEN GEWÜRZEN › Koriander, Kurkuma, Ingwer, Fenchel, schwarzer und weißer Pfeffer, Limette, Limettenblatt, Lemon Myrtle, Amchoor, Zitronengras, Ceylon-Zimt, Piment, Gewürznelke.

WISSENSWERTES › In Asien gibt es noch den **kleinen Galgant** (*Alpinia officinarum*). Er riecht stärker nach Kampfer und Zimt. In China wird er als Heilmittel eingesetzt. Sein Geschmack wird als »medizinisch« beschrieben.

Syzygium aromaticum

GEWÜRZNELKE

ANDERE NAMEN › Nelke, »Nägeli«, Englisch: clove.

ANBAULÄNDER › Indonesien (Molukken), Madagaskar, Sansibar.

AUSSEHEN › Die rötlich-dunkelbraunen, getrockneten Blütenknospen des Nelkenbaums sind 12–18 mm lang. Der dunklere Stiel ist etwas rau, der hellere Kopf ist glatter. Er wird von vier »Spitzen« gehalten, die vom Stiel ausgehen.

AROMA & GESCHMACK › Intensiv süßer, warm-würziger Duft, pfeffrig und etwas stechend. Würziger, brennend-scharfer Geschmack, der ein leichtes Taubheitsgefühl hinterlässt.

WIRKUNG › Gewürznelke wirkt beruhigend und antidepressiv, anregend auf den Kreislauf, krampflösend, gegen Völlegefühl und gegen Blähungen. Ihre antiseptische und lokalanästhetische Wirkung ist vor allem aus der Zahnmedizin bekannt.

ANGEBOTSFORMEN › Als ganze Gewürznelken, geschnittene Ware und als feines Pulver.

IN DER KÜCHE › Man lässt Gewürznelken meistens im Ganzen mitkochen, sollte aber bei der Dosierung behutsam sein, da sie geschmacklich sehr intensiv sind. Bewährt hat sich diese Methode: 1 Zwiebel mit 1–3 Nelken spicken – nach Belieben zusammen mit 1 Lorbeerblatt – und in die Suppe oder das Schmorgericht geben. So lassen sich die Nelken am Ende leicht entfernen.

Gemahlene Nelken kommen an Gerichte, die eine kurze oder keine Kochzeit haben (z. B. Kaltschalen), an Gerichte mit feiner Struktur (Pasteten, Sülzen) und an Gebäck.

> **MINIREZEPT ZUM KENNENLERNEN: PUNSCH MIT GEWÜRZNELKE**
> 1 Bio-Zitrone mit 4–5 Gewürznelken spicken. Mit 2 Bio-Orangen in Scheiben und 150 g Zucker in 1 ½ l Rotwein geben. Den Wein unter Rühren erhitzen, bis sich der Zucker gelöst hat. 10 Min. köcheln lassen, dann 125 ml Rum dazugeben. Punsch in hitzefesten Gläsern servieren.

BESONDERS GUT ZU › Sauerbraten, Wild, Eisbein und Schweinebraten (hier spickt man den ganzen Braten auf der eingeritzten Fettseite). Gewürznelken passen auch zu eingelegten Heringen, Aal und Karpfen. Zu Rotkohl, Weißkohl, Sauerkraut, Rote Beete und süß-saurem Kürbis.
Zu Pflaumen, Äpfeln, Birnen, Lebkuchen, Spekulatius, Honigkuchen, Glühwein und Punsch.

VERTRÄGT SICH GUT MIT DIESEN GEWÜRZEN › Zimt, Kardamom, Sternanis, Muskatnuss, Macis, Koriander, Ingwer, Piment, Lorbeer, Wacholder, Fenchel.

WISSENSWERTES › Im Hauptanbaugebiet Indonesien wird Gewürznelke weniger als Gewürz verwendet, als vielmehr geraucht: Die mit Nelken aromatisierten Zigaretten, »Kretek« genannt, sind ausgesprochen populär.
Je älter die Gewürznelke ist, desto mehr geht von ihrem ätherischen Öl verloren und umso leichter wird sie.
Mit dem Schwimmtest kann man die Qualität prüfen: Geht die Nelke in einem Glas Wasser unter, ist sie voller Öl und hochwertig. Steht sie senkrecht mit dem Stiel nach unten, ist sie noch absolut in Ordnung. Liegt sie quer auf der Wasseroberfläche, ist sie nicht mehr frisch.

Zingiber officinale

INGWER

ANDERE NAMEN › Englisch: ginger.

ANBAULÄNDER › Der vermutlich aus Südchina stammende Ingwer wird zum großen Teil in Indien wie im ganzen tropischen Asien angebaut. Auch in Brasilien, Jamaica und einigen afrikanischen Ländern.

AUSSEHEN › Die frischen Rhizome (»Knollen«) haben eine hellbräunlich-silbrige dünne Schale und ein hellgelbes, saftiges Fruchtfleisch. Das daraus gewonnene Pulver ist hellbeige-gelblich. Frische Ware hat noch etwas Restfeuchtigkeit und neigt daher zur Klümpchenbildung.

AROMA & GESCHMACK › Der Duft ist süßlich, zitronig-frisch und kampferartig. Der Geschmack ist ebenfalls süßlich-fruchtig, frisch und gleichzeitig warm mit einer manchmal kräftigen Schärfe.

WIRKUNG › Ingwer ist hilfreich bei der Verdauung, speziell von fettem Essen. Er senkt die Cholesterin- und Blutfettwerte und wirkt damit gegen Bluthochdruck. Sehr wirksam ist er bei Völlegefühl und Übelkeit, besonders bei Reisekrankheit und Schwangerschafts-Übelkeit. Außerdem stärkt er die Abwehr und wirkt antibakteriell bei Erkältungen.

ANGEBOTSFORMEN › Frisch als Stücke der Rhizome. Beim Einkauf darauf achten, dass die Stücke fest sind und eine silbrig schimmernde Haut haben. Ingwer wird auch getrocknet angeboten, gröber oder feiner geschnitten oder pulverfein gemahlen. Auch kandiert oder eingelegt.

IN DER KÜCHE › Die frischen Rhizome werden geschält und anschließend gehobelt, geschnitten oder gerieben. Zum Ende des Kochens an ein Gericht gegeben, bleibt Ingwer frisch und scharf. Längeres Kochen reduziert die Schärfe und verleiht dem Gericht einen warm-würzigen Geschmack. Zum Aufbewahren frische Stücke locker in Küchenpapier einschlagen und im Gemüsefach des Kühlschranks lagern. Die getrockneten Stücke eignen sich für Punsch und Glühwein oder für grobe Gewürz-Mischungen für die Pfeffermühle. Das Pulver wird vorwiegend zum Backen verwendet.

MINIREZEPT ZUM KENNENLERNEN: INGWERTEE
30–50 g frischen Ingwer (Menge nach gewünschter Schärfe wählen) schälen und sehr dünn hobeln. Mit 1 l Wasser zum Kochen bringen, 10 Min. köcheln lassen, dann die Mischung auf Trinktemperatur abkühlen lassen. Abseihen und mit braunem Zucker oder Honig süßen, nach Belieben 1 Spritzer Limettensaft dazugeben.

BESONDERS GUT ZU › exotischen Wokgerichten mit Kokosmilch. Ingwer passt zu Fisch, Geflügel, Ente und Schwein. Zu Gemüse wie Möhren, Kürbis und Süßkartoffeln. Zu fruchtigen und sahnigen Desserts, Kompotten, Chutneys, Marmeladen. Sehr gut in Gebäck (Gingerbread), Getränken (Ginger Ale) und Bitterschokolade.

VERTRÄGT SICH GUT MIT DIESEN GEWÜRZEN › Kardamom, Kurkuma, Galgant, Zimt, Chili, Pfeffer, Macis, Muskatnuss, Sternanis, Knoblauch, Koriander, Kreuzkümmel, Anis, Piment, Lemon Myrtle.

WISSENSWERTES › Hauchdünn geschnittener und süß-sauer eingelegter Ingwer (»Gari«) wird zu Sushi gereicht, um zwischen den verschiedenen Sushisorten den Gaumen immer wieder zu neutralisieren.

Citrus hystrix

KAFFIRLIMETTE

ANDERE NAMEN › Kaffernlimette. Englisch: kaffir lime, wild lime.

ANBAULÄNDER › Tropisches Asien, besonders Thailand, Indonesien.

AUSSEHEN › Die Kaffirlimetten werden – wie andere Limetten auch – unreif, also grün geerntet. Sie haben die Größe normaler Limetten, aber eine sehr schrumpelige Oberfläche.

AROMA & GESCHMACK › Kaffirlimetten und besonders ihre frisch abgeriebene Schale riechen stark aromatisch limetten- und zitronenartig, auch wie Lemon Myrtle. Der Saft schmeckt sauer und auch bitter, weshalb die Frucht nur in wenigen Gerichten verwendet wird.

ANGEBOTSFORMEN › Ganze frische Früchte in Asienläden.

IN DER KÜCHE › Die Schale wird frisch abgerieben, Kaffirlimette vorher heiß abwaschen und trocken tupfen. Man kann die Früchte auch im Ganzen mitkochen und vor dem Servieren entfernen. Die Früchte sind sehr saftarm. Ersatzweise normalen Limettensaft nehmen.

BESONDERS GUT ZU › zu asiatischen Gerichten. In der Thai-Küche werden sauer-scharfe Suppen und Wokgerichte, besonders in Verbindung mit Kokosmilch, mit der Schale gewürzt. Auch zum Aromatisieren von Süßspeisen wie Eiscreme oder Reis-Pudding.

VERTRÄGT SICH GUT MIT DIESEN GEWÜRZEN › Ingwer, Galgant, Kurkuma, Limettenblatt, Zitronengras, Chili, schwarzer, weißer und grüner Pfeffer, Koriander, Kardamom.

WISSENSWERTES › Die ätherischen Öle der Kaffirlimetten werden auch in der Parfümherstellung genutzt.

KAFFIRLIMETTENBLATT

ANDERE NAMEN › Limettenblätter, Zitronenblätter. Englisch: lime leaves.

AUSSEHEN › Die glänzenden ovalen Blätter des Kaffirlimettenbaums sind zu paarigen »Flügelblättern« zusammengewachsen.

AROMA & GESCHMACK › Die Blätter, zumal wenn sie zerdrückt oder frisch geschnitten werden, verströmen einen starken, typischen Limettengeruch.

ANGEBOTSFORMEN › Frische Blätter, auch tiefgefroren und getrocknet.

IN DER KÜCHE › Für ein Gericht für 4 Personen reichen 4–6 Blätter. Man kann sie einfach mitkochen und vor dem Servieren entfernen. Mehr Aroma geben sie ab, wenn man sie mit der Schere seitlich mehrfach einschneidet. Für kalte Gerichte werden die Blätter mit der glänzenden Seite nach innen längs gefaltet, die dicke Mittelnaht lässt sich nun leicht herausziehen. Anschließend die Blatthälften in haarfeine Streifen schneiden und nach Belieben dann noch in winzige Stückchen. Getrocknete Blätter werden ebenfalls im Ganzen mitgekocht oder vorher im Blitzhacker pulverisiert.

BESONDERS GUT ZU › thailändischen Suppen wie Tom Kha Gai und Tom Kha Yum, in thailändischen Currypasten und Currygerichten sowie Wokgerichten mit Kokosmilch. Zu Hühner- und Rindfleischsuppen.

VERTRÄGT SICH GUT MIT DIESEN GEWÜRZEN › Ingwer, Galgant, Kurkuma, Ceylon-Zimt, Chili, Knoblauch, Zitronengras, Koriander, Kreuzkümmel, schwarzer, weißer und grüner Pfeffer, Kardamom.

Elettaria cardamomum

KARDAMOM

ANDERE NAMEN › Grüner Kardamom. Englisch: cardamom.

ANBAULÄNDER › Indien, Sri Lanka, Vietnam, Madagaskar, Guatemala, Papua Neuguinea.

AUSSEHEN › Die dreikantigen, länglichen Samenkapseln sollen leuchtend grün bis olivgrün und geschlossen sein. Blasse oder gelbliche Kapseln sind zu lange gelagert. Selten werden weiße Kapseln angeboten, die aus rein optischen Gründen an der Sonne gebleicht wurden. In jeder Kapsel befinden sich etwa 15–20 dunkelbraune, harte rund-ovale Samen.

AROMA & GESCHMACK › Frischer, zitrusähnlicher und deutlich kampferartiger Duft. Der Geschmack ist süßlich-harzig, leicht brennend mit Noten von Kampfer und Bitterorangen.

WIRKUNG › Kardamom regt an, hellt die Stimmung auf, macht Kaffee verträglich und gilt im Orient als Aphrodisiakum.

ANGEBOTSFORMEN › Als ganze Kapseln, ausgelöste ganze Samen oder fertig gemahlen.

IN DER KÜCHE › Am besten kauft man die ganzen grünen Kapseln. Darauf achten, dass sie nicht blässlich-gelb sind. Die Kapseln schützen die innen liegenden dunklen Samen. Erst vor dem Verbrauch die Kapseln im Mörser anstoßen und die Samen herauslösen. Anschließend frisch mörsern, mahlen oder ganz lassen. Für bekömmlichen Kaffee 1 Msp. frisch gemahlenen Kardamom in das Kaffeepulver mischen oder direkt in den fertigen Kaffee geben. Für ein leichtes Aroma kann man 1 angestoßene Kapsel in die Tülle der Kaffeekanne stecken und den heißen Kaffee darüber ausgießen.

MINIREZEPT ZUM KENNENLERNEN: KARDAMOM-REIS
4 grüne Kardamomkapseln im Mörser leicht anstoßen. 1 Tasse Basmatireis mit 2 Tassen Wasser, den Kardamomkapseln und etwas Salz zum Kochen bringen. Bei geringer Hitze in ca. 15 Min. ausquellen lassen. Vor dem Servieren die Kapseln entfernen. Als Beilage zu Currygerichten mit Hühnchen oder Fisch, mit Tomaten oder Kokosmilch.

BESONDERS GUT ZU › asiatischen Wok-Gerichten, marokkanischen Tajines und anderen orientalischen Schmorgerichten mit Ente, Huhn, Schwein oder Lamm. Zu skandinavischen Fleischpasteten. Zu Edelfisch und Meeresfrüchten. Zu Gemüse wie Möhren, Kürbis und Auberginen. Zu Reisspeisen, Desserts, Marmeladen, Kompott, Kuchen, Gebäck und Kaffee.

VERTRÄGT SICH GUT MIT DIESEN GEWÜRZEN › Ingwer, Galgant, Zimt, Zimtblüte, Cayenne, Muskatnuss, Safran, Koriander, grüner und schwarzer Pfeffer, Langpfeffer, Bergpfeffer, Wattleseed, Lemon Myrtle, Gewürznelke, Anis.

WISSENSWERTES › Kardamom grundsätzlich nicht fertig gemahlen kaufen, da sein Aroma besonders flüchtig ist. Außerdem werden oft die minderwertigen Schalen mit vermahlen. Den größten Verbrauch an Kardamom haben nicht – wie zu erwarten – die arabischen Länder sondern Skandinavien. Wegen der langen dunklen Monate tendieren die Menschen zu Depressionen, weshalb Kardamom wegen seiner stimmungsaufhellenden Wirkung geschätzt wird. **Schwarzer Kardamom** *(Amomum subulatum)* riecht erdig und kampferartig und schmeckt rauchig und herb. Die rötlich-braunen Kapseln sind doppelt so groß wie grüner Kardamom und haben eine raue Oberfläche. Den Rauchgeschmack erhält er durch die Trocknung über Feuer. Er wird vorwiegend für Garam Masala (Rezept S. 133) verwendet.

Coriandrum sativum

KORIANDER

ANDERE NAMEN › Korianderkörner, Coriander. Englisch: coriander.

ANBAULÄNDER › Der vermutlich aus dem östlichen Mittelmeerraum
stammende Koriander wird in den meisten Ländern rund
ums Mittelmeer angebaut, z. B. in Marokko und Ägypten.
Außerdem in Ungarn, Indien, ganz Südostasien und den USA.

AUSSEHEN › Die runden Samen haben eine leicht gerippte Oberfläche.
Koriander aus Indien ist 4–5 mm groß, dabei leicht länglich und hat eine blass-helle Farbe wie Strohhalme.
Koriandersamen aus dem mediterranen Bereich sind
kugeliger, dunkler und 1,5–3 mm groß.

AROMA & GESCHMACK › Der Duft ist mild-aromatisch, süßlich, blumig
und holzig. Der Geschmack ist angenehm würzig mit
herb-holzigem Unterton und mit Noten von Kampfer und
Zitrus-Fruchtschalen (Zitrone, Orange).

WIRKUNG › Koriander wirkt positiv auf die Psyche und stärkt die Nerven. Er hilft bei Völlegefühl und Blähungen, stärkt Galle und Bauchspeicheldrüse und senkt die Blutfettwerte.

ANGEBOTSFORMEN › Als ganze Samen oder fertig gemahlen. In indischen Geschäften als »Dhania Powder« erhältlich.

IN DER KÜCHE › Wie viele andere Gewürze kann man die ganzen Koriandersamen roh verwenden oder in einer trockenen Pfanne bei mittlerer Hitze behutsam rösten, bis sie duften. Zum Mahlen komplett auskühlen lassen. Oder man röstet die Samen in etwas Öl an und verwendet sie mit dem Öl, ohne das Öl oder man nimmt auch nur das aromatisierte Öl. Wegen seines eher milden Geschmacks kann Koriander großzügig eingesetzt werden.

> **MINIREZEPT ZUM KENNENLERNEN: WÜRZIGE BROTSTANGEN**
> 1 Packung Fertig-Pizzateig mit 2 TL grob zerstoßenen Korianderkörnern, 8 fein gehackten schwarzen Oliven, 2 fein gehackten sonnengetrockneten Tomaten und 1 TL getrocknetem Thymian verkneten. Den Teig zu Stangen formen, mit etwas Olivenöl bestreichen und nach Packungsangabe backen.

BESONDERS GUT ZU › Gerichten der indischen, mittelamerikanischen und orientalischen Küche. Koriandersamen passen zu Schmorgerichten mit Lamm, Schwein und Rind, zu Kohlgerichten, Hülsenfrüchten, Wurzelgemüse, Auberginen, Kartoffeln und Fisch. Koriander ist ideal als Brotgewürz und gehört in Lebkuchen und Printen. Dazu würzt er Pfannkuchen, Gebäck und Chutneys. Panaden werden würziger, wenn man Semmelbrösel etwa zur Hälfte mit frisch gemahlenem Koriander mischt.

VERTRÄGT SICH GUT MIT DIESEN GEWÜRZEN › Kurkuma, Kreuzkümmel, Fenchel, Bockshornklee, Zimt, Pfeffer, Lorbeer, Senf, Ajowan, Ingwer, Kümmel, Knoblauch, Chili, Paprika und Sumach.

WISSENSWERTES › Koriander ist eines der wichtigsten Basisgewürze nahezu jeder Currymischung. Trotz des nicht so ausgeprägten Eigengeschmacks ist er in Mischungen unverzichtbar, da er die anderen Aromen miteinander verbindet. Das **Koriandergrün**, auch »Cilantro« oder arabische Petersilie genannt, schmeckt völlig anders als die Samen. Sein Geschmack wird oft als »seifig« bezeichnet, was auch die Spitznamen »Stinkdill« und »Wanzendill« erklärt.

Cuminum cyminum

KREUZKÜMMEL

ANDERE NAMEN › Cumin, Kumin. Englisch: cumin.

ANBAULÄNDER › Kreuzkümmel kommt vorwiegend aus Indien. Weitere Anbaugebiete gibt es in Nordafrika, Indonesien, dem mittleren Osten und der Türkei.

AUSSEHEN › Die hellen bräunlich-grauen Samen sind sichelförmig, dabei längs gerippt und ca. 5 mm lang. Sie ähneln unserem Kümmel, der jedoch gerader geformt und dunkler ist.

AROMA & GESCHMACK › Der Duft ist intensiv, kräftig warm-würzig, dabei bitter-süßlich und etwas holzig mit deutlichen Zitrus- und Kampfernoten. Kreuzkümmel schmeckt ähnlich wie er duftet: herzhaft-kräftig, sowohl erdig-herb als auch frisch. Mit schwach süßlichen wie bitteren Tönen und einer feinen Schärfe. Sein Geschmack kann ein Gericht sehr schnell dominieren.

WIRKUNG › Durch Anregung von Speichelfluss, Magensaft- und Gallensaftsekretion ist Kreuzkümmel ausgesprochen günstig für die Verdauung schwerer Speisen wie Kohl und Hülsenfrüchte. Er wirkt lindernd bei Magen- und Darmkrämpfen. Kreuzkümmel wirkt dazu beruhigend bei Nervosität.

ANGEBOTSFORMEN › Als ganze Samen oder fertig gemahlen.

IN DER KÜCHE › Man kann die ganzen Samen roh verwenden oder sie direkt vor der Verwendung in einer trockenen Pfanne bei mittlerer Hitze behutsam rösten, bis es duftet. Zum Mahlen unbedingt komplett auskühlen lassen. Alternativ röstet man die Samen in etwas Öl an und verwendet sie dann mit oder ohne Öl oder nimmt auch nur das aromatisierte Öl. Wegen des intensiven, deutlich hervorstechenden Geschmacks Kreuzkümmel sparsam verwenden.

MINIREZEPT ZUM KENNENLERNEN: BLUMENKOHL MIT KREUZKÜMMEL
1 Blumenkohl putzen, in Röschen teilen und in kochendem Salzwasser je nach Größe in 6–9 Min. nicht zu weich garen. 2–3 EL Öl mit 1 TL Kreuzkümmel- und 2 TL Sesamsamen behutsam erhitzen. Die Samen sollen nur »knistern«, dürfen keinesfalls anbrennen, da sie dann bitter schmecken. Blumenkohl abtropfen lassen. Das Würzöl mit den Samen darübergießen. Blumenkohl mit Koriandergrün bestreuen.

BESONDERS GUT ZU › Gerichten der indischen, arabischen und mittelamerikanischen Küche. Kreuzkümmel passt auch gut zu einigen mediterranen Spezialitäten. Zu Quark und Käse. Zu Lamm und Rind, Tomaten, Kartoffeln, Möhren, Auberginen, Kohlgerichten und besonders zu allen Hülsenfrüchten, z. B. zu indischen Dals, mexikanischem Chili con Carne oder arabischen Falafel.

VERTRÄGT SICH GUT MIT DIESEN GEWÜRZEN › Koriander, Kurkuma, Lorbeer, Ingwer, Fenchel, schwarzer Pfeffer, Bockshornklee, schwarzer Senf, Schwarzkümmel.

WISSENSWERTES › Kreuzkümmel ist Bestandteil der bengalischen Mischung »Panch Phoron« (Rezept S. 134) und Basis-Gewürz der meisten Currymischungen.
Er sollte nicht verwechselt werden mit schwarzem Cumin, der kleiner und gerader ist und rauchig sowie etwas süßlich schmeckt.
Im alten Rom diente Kreuzkümmel als Pfeffer-Ersatz oder wurde zu einer würzigen Paste verarbeitet, die als Brotaufstrich verwendet wurde.

Piper Cubeba

KUBEBEN-PFEFFER

ANDERE NAMEN › Kubeben, Stielpfeffer, Schwanzpfeffer, Javapfeffer.
Englisch: cubeb pepper, cubeb berries, tailed pepper.

ANBAULÄNDER › Indonesien, besonders auf Java und Sumatra, Sri Lanka.

AUSSEHEN › Die runden, bräunlich-schwarzen Pfefferkörner haben
eine raue Oberfläche, einen Durchmesser von 4–6 mm
und einen geraden, kräftigen Stiel.

AROMA & GESCHMACK › Der Duft ist süßlich und sehr terpentinartig
mit Kampfer-, Eukalyptus- und Zitrusnoten. Roh ist der
Geschmack sehr herb, danach bleibt aber eine langanhal-
tende Frische im Mund. Wird er gekocht, wird das Aroma
weicher und erinnert entfernt an Piment.

WIRKUNG › Kubeben wird in der Volksmedizin bei Bronchitis, Husten, Kopfschmerzen, Verdauungsstörungen und auch bei Gedächtnisschwäche eingesetzt.

ANGEBOTSFORMEN › In der Regel nur als ganze Samen.

IN DER KÜCHE › Kubebenpfeffer kann im Ganzen mitgekocht werden. Man kann ihn auch gut im Mörser zerstoßen oder in einer Pfeffermühle mahlen, wobei sich die kleinen Stiele nicht ganz zerkleinern lassen. Notfalls nach dem Zerkleinern sieben. Grundsätzlich kann man Kubeben anstelle von Piment einsetzen, besonders in lange geschmorten Gerichten, auch wenn sich die beiden Gewürze in Aroma und Geschmack unterscheiden.

> **MINIREZEPT ZUM KENNENLERNEN: LAMM MIT KUBEBENPFEFFER**
> 2 Lammfilets à 120 g mit etwas Olivenöl einpinseln, mit ca. ½ TL frisch gemahlenem Kubebenpfeffer würzen und ½ Std. marinieren lassen. Filets in Olivenöl von jeder Seite 2 Min. braten, dann in Alufolie ruhen lassen. Den Bratsatz mit etwas Orangensaft und Brühe loskochen, kräftig reduzieren und 2–3 EL Quittengelee einrühren. Sauce salzen, mit Kubeben abschmecken und mit dem Fleisch anrichten. Dazu passen Couscous oder Bulgur.

BESONDERS GUT ZU › Lamm und Hammel, besonders in den marokkanischen Tajines. Zu Huhn und Rind. Kubebenpfeffer passt auch ausgezeichnet zu Beefsteak, Tartar und Carpaccio vom Rinderfilet. Zu Kichererbsen, weißen Bohnen, Tomaten, Auberginen, Schwarzwurzeln, Topinambur, Sellerie, Kohlrabi, Blumenkohl, Kürbis und Möhren.

VERTRÄGT SICH GUT MIT DIESEN GEWÜRZEN › schwarzer Pfeffer, Langpfeffer, Koriander, Wacholder, rosa Pfefferbeeren, Kardamom, Kurkuma, Lorbeer, Zimt, Thymian.

WISSENSWERTES › Kubebenpfeffer ist eine der bis zu 25 Zutaten der marokkanischen Gewürzmischung »Ras el Hanout« (Rezept S. 136).
Kubebenpfeffer wird unreif geerntet. Während des Trocknens an der Sonne färbt er sich schwarz.
In Indien wird er wegen seiner angeblich aphrodisierenden Wirkung geschätzt.
Hildegard von Bingen beschreibt in ihrer »Physica« die Psycho-Aktivität des Kubebenpfeffers. Diese Eigenschaft machte ihn vermutlich auch zum Bestandteil der »Orientalischen Fröhlichkeitspillen«, die vor allem aber Cannabis, Rohopium und Stechapfel enthielten.

Carum Carvi

KÜMMEL

ANDERE NAMEN › Echter Kümmel, Wiesenkümmel, Brotkümmel, Kümmich. Englisch: caraway.

ANBAULÄNDER › Deutschland, Polen, Finnland und übriges Skandinavien, Holland und Ägypten.

AUSSEHEN › Die 5–7 mm langen, hell bis dunkel grau-braunen Kümmelsamen sind leicht sichelförmig gebogen und besitzen 5 ausgeprägte Rippen.

AROMA & GESCHMACK › Kümmel riecht warm-würzig, süßlich-harzig und etwas terpentinartig. Der Geschmack ist aromatisch, bitter-süß und scharf, mit Anklängen an Bitterorange, Limette und Anis.

WIRKUNG › Kümmel wirkt appetitanregend, verdauungsfördernd bei fetten und blähenden Speisen, krampflösend. Hilfreich bei Koliken und Bauchschmerzen.

ANGEBOTSFORMEN › Meistens als ganze Samen, auch gebrochen oder fertig gemahlen.

IN DER KÜCHE › Meistens werden die ganzen Samen an die Gerichte gegeben, bei gekochten Gerichten möglichst erst 15 Min. vor Ende der Garzeit, damit sie nicht an Aroma verlieren. Für die kalte Verwendung Samen am besten vorher im Mörser anstoßen, damit die ätherischen Öle noch stärker zur Wirkung kommen.

Wer den Kümmelgeschmack schätzt, aber nicht gerne auf die harten Samen beißen mag, kann sie in ein Mullsäckchen oder einen Einweg-Teebeutel geben, darin mitkochen und vor dem Servieren entfernen.

Für einen Kümmeltee wird 1 TL Kümmel im Mörser angestoßen und mit 1 Tasse heißem, nicht mehr kochendem Wasser übergossen. Nach 10 Min. wird der Tee abgeseiht und warm, am besten nach den Mahlzeiten, getrunken.

MINIREZEPT ZUM KENNENLERNEN: KRAUTSALAT MIT KÜMMEL
750 g Weißkohl ohne Strunk hauchdünn hobeln. Mit je 1 TL Salz und Zucker 5–10 Min. durchkneten, bis er geschmeidig ist. 1 ½ EL Weißweinessig und 3 EL Rapsöl verrühren und untermischen. Kohl nach Belieben pfeffern. 2 TL Kümmel im Mörser zerstoßen und untermischen. Salat ca. 1 Std. durchziehen lassen.

BESONDERS GUT ZU › Krautgerichten wie Sauerkraut, Krautsalat, Kohlrouladen, Irish Stew oder Szegediner Gulasch. Zu Käse, vor allem Harzer Käse, Liptauer und Quark. Zu Brot und Brötchen. Zu Schweinebraten, Hammel, Gans. Zu Pellkartoffeln und Kartoffelsuppe.

VERTRÄGT SICH GUT MIT DIESEN GEWÜRZEN › Paprika, schwarzer Pfeffer, Koriander, Fenchel, Minze, Lorbeer, Wacholder, Anis, Gewürznelken, Knoblauch, Chili.

WISSENSWERTES › Kümmel gilt als eines der ältesten Gewürze Europas. Ausgrabungen zeigten, dass man schon in der Jungsteinzeit damit gewürzt hat.

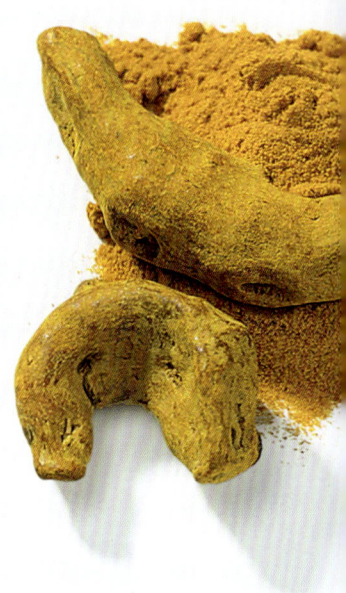

Curcuma longa

KURKUMA

ANDERE NAMEN › Gelbwurz. Englisch: turmeric.

ANBAULÄNDER › Hauptproduzent ist Indien. Weitere Anbaugebiete in ganz Südostasien und z. T. in der Karibik.

AUSSEHEN › Die frischen Rhizome sind außen bräunlich-orange und gerippt, das Innere ist leuchtend orange wie Möhren. Das Pulver ist je nach Herkunft und Alter orange-gelb bis ockerfarben oder gelb-bräunlich.

AROMA & GESCHMACK › Frische Kurkuma-Rhizome riechen erdig und angenehm frisch. Der Geschmack ist ingwerähnlich, aber weniger zitronig und scharf, sondern etwas pfeffrig und herb. Das getrocknete Pulver riecht holzig, erdig und dazu zitronig mit blumigen, honigähnlichen Obertönen. Je länger es lagert, desto erdiger der Gesamteindruck. Der Geschmack ist mild-würzig und leicht herb.

WIRKUNG › Kurkuma gilt als eines der gesündesten Gewürze überhaupt. Es regt die Bildung von Magen- und Gallensäften an und hilft so bei der Fettverdauung. Dazu senkt es den Cholesterinspiegel, wirkt entzündungshemmend, hat eine krebshemmende Wirkung und reduziert nachweislich den Knochenabbau. Besonders wirksam ist Kurkuma in Verbindung mit dem im Pfeffer enthaltenen Wirkstoff Piperin. Kurkuma ist in Deutschland als Arzneimittel zugelassen und in Form von Kapseln oder Presslingen erhältlich.

ANGEBOTSFORMEN › Meistens als fein gemahlenes Pulver. In Asienläden auch ganze frische Rhizomstücke, seltener getrocknete Rhizome (s. Foto rechts).

IN DER KÜCHE › Kurkumapulver einfach unterrühren. Es darf auch mitkochen. Wegen seines erdigen Geschmacks wird es eher sparsam eingesetzt. Frischer Kurkuma wird wie Ingwer geschält und dann gerieben oder fein gewürfelt. Dabei sollte man wegen der starken Färbekraft Einweghandschuhe tragen. Anschließend Kurkuma für Wok-Gerichte, Currys und frische Currypasten verwenden. Geschält und zerkleinert lässt sich frischer Kurkuma auch einfrieren. Im Kühlschrank halten die Rhizome ca. 2 Wochen. Getrocknete Rhizome lassen sich reiben. Das so gewonnene Pulver ist in der Regel aromatischer als das fertig gemahlene und oft lange gelagerte Pulver.

MINIREZEPT ZUM KENNENLERNEN: KURKUMA-CREMESUPPE
1 Blumenkohl putzen, in Röschen teilen und mit 2 geschälten, gewürfelten Kartoffeln und ½ TL Kurkuma in einen Topf geben. Mit Brühe (400–500 ml) knapp bedecken und weich garen. Alles unter Zugabe von 150–200 ml Milch oder einer Mischung aus Sahne und Milch pürieren. Salzen und pfeffern. Cremesuppe mit fein gehackter Petersilie bestreuen.

BESONDERS GUT ZU › Nudeln, Couscous, Reis und Kartoffeln. Zu Huhn, Garnelen und Fisch. Zu Hülsenfrüchten, Wurzelgemüse, Auberginen, Kürbis und Spinat.

VERTRÄGT SICH GUT MIT DIESEN GEWÜRZEN › Koriander, Kreuzkümmel, schwarzer Pfeffer, schwarzer Senf, Paprika, Bockshornklee, Schwarzkümmel, Fenchel, Curryblatt, Gewürznelken.

WISSENSWERTES › Kurkuma ist nicht nur gelb-färbender Bestandteil nahezu jeder Currymischung, sondern gibt auch Pasta, Senf, Margarine und eingelegten Pickles appetitliche Farbe.

Piper longum

LANGPFEFFER

ANDERE NAMEN › Langer Pfeffer, Bengalischer Pfeffer, Stangenpfeffer, Jaborandi-Pfeffer. Englisch: long pepper, bengal pepper, jaborandi pepper.

ANBAULÄNDER › Indien und Indonesien.

AUSSEHEN › Die winzigen Pfefferbeeren sind zu einer grau-schwarzen, kleinen »Stange« zusammengewachsen, die an Haselkätzchen erinnert. Bricht man sie auseinander, erkennt man die einzelnen rötlich-braunen, kleinen Beeren.

AROMA & GESCHMACK › Langpfeffer duftet – besonders frisch gemahlen – angenehm süßlich-herb, mit deutlichen Tönen nach Kakaobohnen und Noten nach Kardamom und schwarzem Pfeffer. Der Geschmack ist zunächst kardamomartig, dann folgen eine kurze kräftige Schärfe und schließlich ein süßlich-warmer Abgang.

WIRKUNG › In Indien sagt man Langpfeffer eine aphrodisierende Wirkung nach. In der ayurvedischen Küche wird eine Mischung aus Langpfeffer, Ingwer und schwarzem Pfeffer (»Trikatu«) eingesetzt, um bei Kapha-Typen die Verdauung anzuregen.

ANGEBOTSFORMEN › Langpfeffer wird nur im Ganzen angeboten.

IN DER KÜCHE › Man kann die Stangen im Ganzen mitkochen oder frisch gemahlen oder gemörsert am Ende der Kochzeit dazugeben. Für die Pfeffermühle zerbricht man die Stangen, um das Mahlwerk nicht zu verstopfen. Größere Stangen lassen sich auch gut reiben.

MINIREZEPT ZUM KENNENLERNEN: BIRNE MIT LANGPFEFFER
1 große reife Birne schälen, halbieren, entkernen und in Spalten schneiden. Spalten in 1–2 TL Olivenöl andünsten, mit Bröckchen von 80–100 g mildem Gorgonzola bestreuen und mit Langpfeffer kräftig würzen. Den Deckel auf die Pfanne legen, bis der Käse geschmolzen ist. Birne mit Baguette und Rotwein servieren.

BESONDERS GUT ZU › süßen wie zu pikanten Gerichten: perfekt auf Steaks, Beef-Carpaccio und Tartar. Zu Wild, Lamm, Ente und Schwein. Zu frischem und geräuchertem Lachs. Zu Thunfisch. Zu reifem Weichkäse wie Gorgonzola oder Brie. Zu Beerenfrüchten, exotischen Früchten und dunkler Schokolade.

VERTRÄGT SICH GUT MIT DIESEN GEWÜRZEN › Kardamom, Piment, Zimtblüten, Ingwer, Chili Ancho, rosa Pfefferbeeren, Paradieskörner, Bourbon-Vanille, Tonka, Wattleseed, Safran.

WISSENSWERTES › Langpfeffer kam schon vor dem schwarzen Pfeffer zunächst nach Griechenland und dann ins alte Rom. Obwohl er ganz anders aussieht als echter Pfeffer, gehört Langpfeffer in die Pfefferfamilie.
Ein weiterer sehr ähnlich aussehender und schmeckender Pfeffer ist **Balinesischer Pfeffer** *(Piper retrotractum)*, der in Indonesien heimisch ist.
Langpfeffer enthält mehr Piperin, den pfeffertypischen Scharfstoff, als schwarzer Pfeffer: 6 Prozent gegenüber 2–3,5 Prozent.

Backhousia citriodora

LEMON MYRTLE

ANDERE NAMEN › Deutsch: Zitronenmyrte.

ANBAULÄNDER › Australien.

AUSSEHEN › Die grau-grünlichen Blätter des Lemon Myrtle-Baums ähneln in der Farbe Lorbeerblättern, sind aber schmaler und spitzer.

AROMA & GESCHMACK › Lemon Myrtle riecht intensiv nach Limetten, Zitronen und Zitronenverbene. Es ist ein Gewürz, das wegen dieses Duftes eingesetzt wird. Der Geschmack ist mild-zitronig, aber nicht sauer, und fein-krautig.

WIRKUNG › Lemon Myrtle ist auch eine Heilpflanze. Ihr werden antiseptische, antibakterielle, antivirale und pilzhemmende Wirkungen bescheinigt. Das intensive Zitrusaroma kann unsere Stimmung aufhellen.

ANGEBOTSFORMEN › Für den Export werden die getrockneten Blätter sehr fein-stückig zerkleinert. In Australien bekommt man auch ganze Blätter, frisch und getrocknet, bei uns nur im Internethandel (s. S. 159), meist unter dem Namen Zitronenmyrte.

IN DER KÜCHE › Das starke Aroma übersteht auch Backen und Kochen. Am besten aber kommt es zur Wirkung, wenn Lemon Myrtle über fertige Gerichte gestreut oder in Dressings oder Marinaden eingerührt wird. Die getrockneten Blätter können auch als Tee aufgegossen oder Pfefferminz- oder Verbenentee beigemischt werden.

MINIREZEPT ZUM KENNENLERNEN: PESTO MIT LEMON MYRTLE
1 Bund glatte Petersilie grob hacken und mit 60 g Macadamia-Nuss-kernen und 2 Knoblauchzehen im Blitzhacker zerkleinern. Nach und nach 4 EL mildes Olivenöl (oder 2 EL Macadamia-Nussöl und 2 EL Oli-venöl) dazugeben. 40 g frisch geriebenen Parmesan und 2–3 TL Lemon Myrtle untermischen. Mit Salz und grünem Pfeffer aus der Mühle wür-zen. Das Pesto schmeckt besonders gut zu Fisch oder zu Spargel.

BESONDERS GUT ZU › Pfannkuchen, Käsekuchen, Eiscremes und Gebäck. Lemon Myrtle passt ebenso zu Reis, Couscous oder Kartoffelstampf. Perfekt zu Fisch, Muscheln und Meeresfrüchten. Zu Huhn, Fisch oder Gemüse in Kokos-milch. Für Mayonnaisen, Dips und Dressings. Auch sehr gut zu exotischen Früchten.

VERTRÄGT SICH GUT MIT DIESEN GEWÜRZEN › Ingwer, Zitronengras, grüner Pfeffer, Minze, Chili, Amchoor, Kurkuma, Berg-pfeffer, Kardamom, Anismyrte, Vanille.

WISSENSWERTES › Aufgrund seines einzigartigen Aromas wird Lemon Myrtle zunehmend in der Parfüm-Industrie eingesetzt. Das ätherische Öl von Lemon Myrtle wird auch in Anti-Mücken-Sprays verwendet.

Laurus nobilis

LORBEER

ANDERE NAMEN › Suppenblatt, Gewürzlorbeer. Englisch: bayleaf.

ANBAULÄNDER › Mittelmeerraum, hier besonders Türkei und Griechenland.

AUSSEHEN › Die Blätter des Lorbeerbaums sind lanzett- oder eiförmig, ca. 10 cm lang und 3–5 cm breit. Die frischen Blätter sind glänzend dunkelgrün. Getrocknete Blätter sind olivgrün und matt.

AROMA & GESCHMACK › Wenn man getrocknete Blätter zerdrückt oder im Blitzhacker zerkleinert, entströmt ihnen ein intensiv würzig-süßlicher, kampferartiger und an Muskatnuss erinnernder Duft. Der Geschmack ist würzig herb. Ganz frische Blätter schmecken bitter, nach 1–2 Tagen reduziert sich die Bitternote.

WIRKUNG › Lorbeerblätter wirken appetitanregend und helfen bei Verdauungsstörungen, Koliken und Blähungen. Sie beruhigen bei Husten und wirken schleimlösend, antibakteriell und pilzhemmend. Zur Stärkung der Abwehrkräfte wird Milch empfohlen, die mit Lorbeer gekocht wurde.

ANGEBOTSFORMEN › Meist ganze getrocknete Blätter, auch geschnitten oder gemahlen. Ganze frische Blätter oft am Zweig.

IN DER KÜCHE › Die Blätter werden im Ganzen mitgekocht, wobei sie ihre ätherischen Öle sehr langsam abgeben. Bei kürzeren Garzeiten sollte man die Blätter vorher knicken, um die Öle schneller freizusetzen. Lorbeer gehört in jedes »Bouquet garni«, das ansonsten in der Zusammensetzung stark variiert, z. B. zusammen mit Thymian, Salbei und Petersilie. Man rechnet ½–1 Lorbeerblatt pro Person.

MINIREZEPT ZUM KENNENLERNEN: APRIKOSENCHUTNEY MIT LORBEER

1 Gemüsezwiebel schälen, würfeln und in 3 EL Rapsöl glasig dünsten. 500 g Aprikosen blanchieren, häuten, halbieren, entkernen und klein schneiden. Mit 3–4 Lorbeerblättern zu den Zwiebelwürfeln geben, 100 g Zucker unterrühren. Alles mit 200 ml Weißwein ablöschen und in ca. 20 Min. dicklich einkochen. Lorbeer entfernen. Das Chutney salzen und pfeffern und mit Zitronensaft oder Aceto Bianco abschmecken. Passt zu Lammkoteletts oder Ziegenfrischkäse.

BESONDERS GUT ZU › Brühen, Suppen, Eintöpfen. Zu Pickles und Marinaden. Rotkohl, Sauerkraut, Hülsenfrüchten. Sauerbraten, Pökelfleisch, Wild, Sülzen, Pasteten, Terrinen. Fisch und Muscheln im Sud gegart. Auch für Desserts, z. B. mit Orangen, Aprikosen oder Äpfeln.

VERTRÄGT SICH GUT MIT DIESEN GEWÜRZEN › Pfeffer, Piment, Wacholder, Gewürznelken, Thymian, Fenchel, Anis, Muskatnuss, Macis.

WISSENSWERTES › Lorbeer, zu Kränzen gebunden, schmückte Dichter, Sportler und Kriegshelden.
Aus den ca. 1 cm großen schwarzblauen Lorbeerfrüchten wird Lorbeeröl gewonnen. Es wird Likören beigefügt und zu medizinischen Zwecken und in der Aromatherapie verwendet. Es vertreibt auch z. B. Motten und Mücken.

Prunus mahalep

MAHLEP

ANDERE NAMEN › Mahlepi, Mahalep, Machlepi. Englisch: mahlep, mahlap.

ANBAULÄNDER › Türkei, Syrien, Libanon, Griechenland.

AUSSEHEN › Die weichen Samen aus den Kernen der Felsenkirsche sind leicht tropfenförmig, ca. 5 mm groß und cremefarben.

AROMA & GESCHMACK › Bitter-süß, nussig und an eine Mischung aus süßen Mandeln und Bittermandeln erinnernd. Durch die Bittermandel-Assoziation auch entfernt wie Tonka. Der Geschmack ist bitter-süß und leicht säuerlich.

ANGEBOTSFORMEN › Als ganze Samen oder als Pulver.

IN DER KÜCHE › Die relativ weichen Samen lassen sich nicht mahlen. Man kann sie aber sehr gut in einem Stein- oder Granitmörser zerstampfen. Die Samen werden aufgrund des hohen Fettanteils sehr schnell ranzig. Am besten fest verschlossen im Kühlschrank aufbewahren.

BESONDERS GUT ZU › Hefeteig, Obstkuchen, Rosinenbrötchen, Milchbrötchen u. ä., meist in Verbindung mit Orangen- und Zitronenschalen, Mandeln, Datteln, kandierten Früchten, Sesam und/oder Pinienkernen. Mahlep wird im Vorderen Orient traditionell als Gewürz für Süßspeisen, Brot und Gebäck verwendet, besonders zu Festen wie Ostern und Weihnachten und oft zusammen mit Mastix, einem aromatischen Baumharz. Pikante Rezepte sind kaum zu finden.

VERTRÄGT SICH GUT MIT DIESEN GEWÜRZEN › Kardamom, Zimt, Koriander, Ingwer, Bourbon-Vanille, Paradieskörner, Piment.

Vitex agnus-castus

MÖNCHSPFEFFER

ANDERE NAMEN › Keuschlamm, Abrahamsstrauch. Englisch: chaste tree, hemptree, agnus castus, abraham's balm.

ANBAULÄNDER › Mittelmeerraum bis zum Kaukasus.

AUSSEHEN › Die kugeligen Samenkörner haben einen Durchmesser von 2–3 mm. Sie sind dunkelbraun, z. T. von einer helleren, blass-bräunlichen Samenhülle umgeben.

AROMA & GESCHMACK › Frisch zerstoßen verströmt Mönchspfeffer frisch-herbe, mineralische und metallische Aromen wie weißer Pfeffer. Dazu kommen Pinien- und Eukalyptusklänge. Trockenes Rösten verstärkt die Aromen, setzt auch süße Noten frei. Bei aller Vielfalt ist das Aroma aber nicht mit dem von frisch gemahlenem Pfeffer vergleichbar. Der Geschmack ist kaum pfeffrig, eher herb und eukalyptusartig. Die herbe Note vergeht rasch. Es bleibt ein frischer Nachgeschmack.

ANGEBOTSFORMEN › Als ganze Körner.

IN DER KÜCHE › Obwohl die Körner recht hart sind, lassen sie sich in der Pfeffermühle nur schlecht mahlen. Man kann sie im Mörser zerstoßen oder in der Elektromühle zerkleinern.

BESONDERS GUT ZU › milden Zutaten, die den herben Geschmack auffangen, wie Kartoffeln, Pasta, Reis, Kürbis, Möhren, Schwarzwurzeln. Zu Hähnchen, Lamm, Ente, Rind, Wild und zu Leber. In Dips mit Sahne oder Crème fraîche.

VERTRÄGT SICH GUT MIT DIESEN GEWÜRZEN › Pfeffer, Ingwer, Kurkuma, Zimt, Fenchel, Anis, Lorbeer, Kubeben-, Langpfeffer.

WISSENSWERTES › Mönchspfeffer soll den Geschlechtstrieb dämpfen, er wurde in Klöstern als Anti-Aphrodisiakum verabreicht.

Myristica fragrans

MUSKATNUSS/ MACIS

ANDERE NAMEN › »Muskatblüte« für Macis. Der Name ist jedoch irreführend, denn bei der Macis handelt es sich um den Samenmantel, der die Samenschale und den darin befindlichen Samen, die sogenannte »Nuss«, umgibt. Englisch: nutmeg (Muskatnuss), mace (Macis).

ANBAULÄNDER › Ursprungsland und immer noch Anbaugebiet sind die Banda-Inseln innerhalb der Molukken. Außerdem Indonesien und Grenada. Die hellere, gelbe Banda-Macis ist feiner als die dunklere, rötliche aus Papua Neuguinea.

AUSSEHEN › Die blass-braunen, ovalen bis runden Samen ähneln Nüssen in der Schale – daher der Name. Sie sind ca. 2,5 cm lang und 2 cm dick. Die Macis, der Samenmantel, wird in

Stücken angeboten. Diese sind unregelmäßig geformt und orange-gelb bis rötlich-braun.

AROMA & GESCHMACK › Frisch gemahlen hat die Muskatnuss ein intensives Aroma. Süßlich-harzig, bitter, leicht terpentinartig und scharf im Geschmack. Macis riecht und schmeckt ähnlich, dabei ist sie etwas dezenter im Aroma und »balsamischer«.

WIRKUNG › Muskatnuss wirkt anregend, stimmungsaufhellend und antidepressiv. Außerdem entzündungshemmend, blutfettsenkend und leberstärkend. Doch Vorsicht bei zu hoher Dosierung! Nach dem Verzehr von mehreren Nüssen (ab 5 g) kann es zu Halluzinationen und Panikattacken kommen. Im Extremfall kann eine zu große Dosis sogar zum Tode führen.

ANGEBOTSFORMEN › Als ganze Muskatnüsse, besonders gut in der aromaschützenden dunkelbraunen Samenhülle. Auch als relativ schweres, leicht fettiges, gemahlenes Pulver. Macis gibt es meistens gemahlen, seltener in Stücken.

IN DER KÜCHE › Da gemahlene Muskatnüsse sehr schnell ihr Aroma verlieren, besonders in kochenden Speisen, werden sie besser erst direkt vor dem Servieren über die fertigen Gerichte gerieben. Das Aroma der Macis ist weniger flüchtig, weshalb man sie gut mitkochen kann. Macisstücke lassen sich weder reiben noch mahlen. Man kann sie jedoch gut im Ganzen mitkochen und vor dem Servieren entfernen. Oder – für ein optimales Aroma – im Blitzhacker zerkleinern.

MINIREZEPT ZUM KENNENLERNEN: EXOTISCHER FRUCHTSALAT
Würfel von 1 Mango und 1 Papaya mit Scheiben von 4 Babybananen und 2 TL braunem Zucker mischen und mit 1–2 EL Limettensaft im Kühlschrank marinieren. Vor dem Servieren Muskatnuss darüberreiben, mit Minzeblättchen dekorieren.

BESONDERS GUT ZU › Béchamelsauce, Blumenkohl, Kartoffelpüree, Rahmspinat. Passt zu Eierspeisen, hellen Gemüsecremesuppen (Sellerie, Blumenkohl, Spargel), Pastetenfüllungen, Ragouts, Frikassee und mit Käse überbackenen Aufläufen. Zu Grießbrei, Milchreis, Kompott, gebackenen Äpfeln und Marmeladen.

VERTRÄGT SICH GUT MIT DIESEN GEWÜRZEN › Ingwer, Koriander, Kreuzkümmel, Pfeffer, Zimt, Kardamom, Kurkuma, Gewürznelke, Piment, Lorbeer, Sternanis, Fenchel, Anis, Chili.

Eukalyptus olida

OLIDA

ANDERE NAMEN › Erdbeer-Eukalyptus. Englisch: strawberry gum, forest berry gum.

ANBAULÄNDER › Australien.

AUSSEHEN › Die jungen, rundlichen Blätter eines Eukalyptusbaums sind grünlich matt, die älteren lanzettförmig und glänzend. Das daraus gewonnene Pulver ist fein strukturiert und hell olivfarben.

AROMA & GESCHMACK › Olida riecht balsamisch und sehr süß nach Erdbeeren, eher noch wie künstliches Erdbeer-Aroma. Der Geschmack ist weniger intensiv süß, eher mild-krautig und leicht herb.

ANGEBOTSFORMEN › In der Regel gemahlen als Pulver, selten die ganzen getrockneten Blätter.

IN DER KÜCHE › Das Pulver wird in kalte Dips, Saucen und Dressings gemischt oder bei heißen Speisen direkt vor dem Servieren zugegeben. Es ist traditionell auch Bestandteil von Kräuter-tee-Mischungen. Wegen seines intensiven Aromas wird es relativ sparsam verwendet.

BESONDERS GUT ZU › Süßspeisen, besonders mit frischen Erdbeeren oder Himbeeren, z. B. in Konfitüren und Fruchtsaucen. Aber auch zu Mango, Papaya, Ananas und Bananen. In Verbindung mit Sahne und Früchten oder Kokosmilch und Früchten. Für Milchreis, Pfannkuchen und Eiscreme.

VERTRÄGT SICH GUT MIT DIESEN GEWÜRZEN › Ceylon-Zimt, Ingwer, Lemon Myrtle, Limette, Orangenschale, Bourbon- und Tahiti-Vanille, Minze, grüner Pfeffer.

Pandanus amaryllifolius

PANDANBLATT

ANDERE NAMEN › Pandangblatt, Schraubenbaum. Englisch: pandanus, screw pine.

ANBAULÄNDER › Indonesien, Thailand.

AUSSEHEN › Die langen schilfartigen Blätter sind leuchtend grün.

AROMA & GESCHMACK › Pandanblätter duften süßlich, vanille- und heuartig und etwas nussig. Dazu erinnern sie an Jasmintee. Der Geschmack ist ähnlich, dabei recht dezent.

ANGEBOTSFORMEN › Man bekommt die ganzen frischen Blätter in Bündeln in gut sortierten Asienläden oder kann sie im Internet bestellen. Daneben gibt es Pandanblätter als Extrakt oder in Pastenzubereitungen, die jedoch meistens auch künstliche Farbstoffe und Aromen enthalten. Auf die Zutatenliste achten!

IN DER KÜCHE › Pandanblätter werden in Reis oder Suppen mitgekocht oder in Wokgerichten mitgebraten. Gern werden auch Fleisch- oder Fischstücke darin eingewickelt und anschließend gebraten oder frittiert. So bleiben die Speisen zart und werden gleichzeitig angenehm aromatisiert.

BESONDERS GUT ZU › süßen Speisen wie feinem Gebäck, Kuchen, Eiscremes und Desserts aus Reis- oder Tapiokamehl. Pandanblätter passen auch zu pikanten Gerichten wie Reis, Huhn, Fisch oder Garnelen.

VERTRÄGT SICH GUT MIT DIESEN GEWÜRZEN › Ceylon-Zimt, Ingwer, Kurkuma, Cayenne, Amchoor, Limette, Kardamom, Vanille.

Capsicum annuum

PAPRIKA

ANDERE NAMEN › Englisch: bell pepper (Gemüsepaprika), paprika (Gewürzpaprika).

ANBAULÄNDER › Ungarn, Spanien, Südfrankreich, Italien, Rumänien sowie zahlreiche mittel- und südamerikanische Länder.

AUSSEHEN › Paprika gehört zur Chili-Familie (s. S. 36–43) und bezeichnet sowohl die frische Frucht wie auch das Pulver aus getrockneten und gemahlenen Schoten, das als Gewürz verwendet wird. Gemüsepaprika sind dickfleischige, ohne jede Schärfe gezüchtete Formen. Sie werden vor allem frisch gegessen, aber auch zu grünen und roten Paprika-Flocken und Paprika-Granulat verarbeitet. Das Paprikapulver wird aus den spitzen, dünnwandigen Gewürzpaprika-schoten gewonnen und ist selten sortenrein.

NACH DER ERNTE › Fruchtfleisch und Samen werden separat getrocknet, die Samen manchmal noch gewaschen, um die Schärfe zu reduzieren. Später wird dann nach gewünschter Schärfe gemischt. Bei einigen Sorten werden auch die ganzen Früchte vermahlen.

AROMA, GESCHMACK & SCHÄRFE › Die Bandbreite reicht von intensiv-süßlich bis bitter-scharf (s. Beschreibungen der beliebtesten Sorten S. 84–85). Grundsätzlich gilt für Paprikapulver: Je intensiver die Farbe, desto milder der Geschmack (Ausnahme: Pimentón de la Vera). Auch wenn es milde Chili- und scharfe Paprikasorten gibt, versteht man in der Regel unter Paprika das mildere Gewürz. Wenn z. B. in einem Rezept 1 TL Paprikapulver angegeben wird, geht man von einem nicht scharfen Gewürz aus. Auf der Schärfeskala 1–10 rangiert Paprika von 0 bis 4.

WIRKUNG › Neben dem in den schärferen Paprikasorten vorhandenen Capsaicin enthält Gewürzpaprika u. a. Carotinoide (z. B. Provitamin A) und antioxidativ wirkende Flavonoide. Die Früchte sind außerdem reich an Vitamin C und B1. Paprika wirkt appetitanregend. Ähnlich wie Knoblauch verbessert es die Fließfähigkeit des Blutes und hilft damit, Arteriosklerose vorzubeugen.

ANGEBOTSFORMEN › Vor allem als Pulver, selten in Flockenform.

BEI UNS VERWENDETE PAPRIKASORTEN › s. auch S. 84
Delikatess (= intensiv süßlich, fruchtig, ohne Schärfe)
Edelsüß (= süßlich, minimal scharf)
Süß (= süßlich, mit feinherben Noten und leichter Schärfe)
Halbsüß (= schwach süßlich, leicht scharf)
Rosen (= kräftig scharf und herb)
Merkantil- oder Königspaprika (= sehr scharf, bitter).

SPANISCHE PAPRIKASORTEN › s. auch S. 85
Pimentón de la Vera Dulce (= süß)
Pimentón de la Vera Agridulce (= süßlich, pikant-scharf)
Pimentón de la Vera Picante (= kräftig scharf).

UNGARISCHE PAPRIKASORTEN › s. auch S. 84
Külőnleges (= Delikatess)
Édesnemes (= edelsüß)
Félédes (= halbsüß)
Rozsa (= scharf)
Eros (= bitterscharf).

›PAPRIKA

IN DER KÜCHE › **Süße Paprikasorten** können großzügig verwendet werden. Sie werden meistens schon zu Beginn des Kochens an das Essen gegeben, auch, um die Speisen leicht zu binden. **Scharfe Paprikasorten** werden in geringer Dosierung meistens zum Ende der Kochzeit an das Essen gegeben, ähnlich wie Cayenne.

Weil es so viele unterschiedliche Paprikapulver gibt, und man vermutlich nur wenige zur Hand hat, lassen sich weitere geschmackliche Abstufungen durch individuelles Mischen von mehr oder weniger scharfen Paprika- und Chilisorten erreichen.

Sein volles Aroma entwickelt Paprika im Zusammenspiel mit Fett. Allerdings muss man aufpassen, da das Pulver leicht anbrennt und dann schnell bitter wird. Räucherpaprika wird eingesetzt, wenn man ein rauchiges Aroma wünscht. Auch vegetarische Gerichte, z. B. Tofu, bekommen dadurch ein interessantes BBQ-Aroma. Getrocknete Paprikaflocken bzw. Paprikagranulat aus Gemüsepaprika können im Ganzen mitgekocht oder direkt über das Essen gestreut oder in Dips gemischt werden. Man verwendet Paprikapulver auch zum Färben von Speisen und zum dekorativen Überstäuben von Dips, Eintöpfen, Saucen und Suppen.

MINIREZEPT ZUM KENNENLERNEN: PAPRIKA-HACKFLEISCH-SAUCE

250 g gemischtes Hack in wenig Öl bei hoher Hitze braten, bis es braun und krümelig ist. Herausnehmen. 1 Zwiebel und 1 Knoblauchzehe würfeln, in 1 EL Öl bei mittlerer Hitze glasig schwitzen und mit 1 EL Paprikapulver Delikatess bestäuben. 2 EL Tomatenmark dazugeben, unter Rühren anrösten und mit ca. 250 g Ajvar (Paprikamus) ablöschen. Aufkochen, das gebratene Hackfleisch dazugeben und alles 10–15 Min. zugedeckt schmoren. Dann salzen, pfeffern und mit Rosenpaprika pikant abschmecken. Sauce mit Reis oder Nudeln servieren.

BESONDERS GUT ZU › Fleischgerichten wie Gulasch, Gulaschsuppe, Chili con Carne, Paprikahuhn und Ratatouille. Für Reis, Hülsenfrüchte, Zwiebeln, Suppen, Saucen, Eintöpfe. Zu Eierspeisen wie Rührei. Zu Frischkäse und Quark, z. B. Liptauer oder Obazda.

WISSENSWERTES › In Westeuropa ist Paprika nach Pfeffer das zweitbeliebteste Gewürz.

Pul Biber, der türkische »Blättchenpfeffer«, besteht aus grob zerstoßenen milden oder schärferen Paprikaflocken, oft mit bis zu 20 Prozent Salz vermischt. Es gibt Sorten mit und ohne Samen. Pul Biber ist ein beliebtes Streugewürz zum nachträglichen Würzen bei Tisch.

Ein Qualitätskriterium beim Paprikapulver sind für Profis die sogenannten ASTA-Grade. Sie werden aufgrund der Farbintensität festgelegt, sind aber in der Regel nicht auf der Gewürzverpackung für Endverbraucher angegeben. Dabei bedeutet ein ASTA-Wert von 160 die höchste und z. B. einer von 110/120 eine noch sehr gute Qualität.

SÜSSE PAPRIKA-SORTEN

SCHARFE PAPRIKA-SORTEN

Paprika Delikatess ist mit dem Wert ASTA 110/120 tief-dunkelrot. Er wird ausschließlich aus getrocknetem Fruchtfleisch hergestellt. Er duftet und schmeckt angenehm süß und intensiv fruchtig wie eine Mischung aus Kirschen und getrockneten Tomaten, dabei mild ohne jede Schärfe. Er liefert das intensivste Aroma.

Mit ASTA 80/90 ist **edelsüßer Paprika** etwas heller in der Farbe als Paprika Delikatess. Dem Pulver wird nämlich ein kleiner Teil gemahlener Samen und Trennwände zugefügt, sodass eine minimale Schärfe auszumachen ist. Die edelsüße Sorte ist die am meisten verkaufte.

Halbsüßer Paprika ist mit ASTA 40/50 schärfer, weniger süß und deutlich weniger farbintensiv. Er ist der typische Gulasch-Paprika.

Die in Mitteleuropa schärfste Sorte **Rosenpaprika** wird aus ganzen Früchten hergestellt. Es werden also die hellen und scharfen Trennwände und Kerne mit vermahlen. Dadurch ähnelt Rosenpaprika in seiner rötlich orangebraunen Farbe eher einem Chilipulver, ist aber mit einem Schärfegrad von 4 nicht ganz so scharf wie Cayenne (Schärfegrad 7). Im Ungarischen bezeichnet »Rozsa« den scharfen Paprika, bedeutet außerdem »Rose«. Vermutlich ist der Name »Rosenpaprika« darauf zurückzuführen.

Königspaprika (auch »Merkantilpaprika« genannt) ist noch schärfer und schmeckt dazu ziemlich bitter. Er wird aus minderen Sorten sowie unter Zusatz von Samen und Trennwänden anderer Paprika-Früchte hergestellt. In Deutschland wird er kaum verkauft.

PIMENTON DE LA VERA

Für diese Spezialität aus der spanischen Extremadura werden die reifen Schoten über Eichenholzrauch getrocknet und anschließend entkernt und vermahlen. **Pimenton de la Vera Dulce** ist dunkelrot bis bräunlich-rot. Das Gewürz duftet nach Rauch und weckt dabei die Assoziation nach geräuchertem Schinken. Dazu riecht es fruchtig und süßlich. Der Geschmack entspricht dem Geruch: herzhaft-rauchig, voll und süßlich, dazu aber auch leicht herb. **Pimenton de la Vera Picante** hat neben dem rauchigen und süßlichen Geschmack eine angenehme, leichte Schärfe. **Pimenton de la Vera Agridulce** ist eine Mischung aus beiden Sorten mit einem Hauch Schärfe. Pimenton de la Vera ist das für die Chorizo typische Gewürz. Es passt auch zu Eierspeisen, Tofu und Kartoffelgerichten.

GRÜNES PAPRIKA-PULVER

Diese Rarität wird aus unreifen Schoten hergestellt. Da es nicht sehr verbreitet ist, kann man mit ihm überraschende optische und geschmackliche Effekte erreichen. Es duftet aromatisch und sehr frisch nach grüner Paprika und Gurkenschalen, aber viel süßer und weicher. Der Geschmack ist ähnlich süßlich und mild und erinnert an rohe Zuckerschoten. Manchmal wird zum Abrunden des Geschmacks ein wenig roter Paprika zugegeben. Wer kein grünes Paprikapulver bekommt, kann sich so behelfen: Grüne Paprikaflocken oder Paprikagranulat im Blitzhacker gründlich zerkleinern und anschließend durch ein feines Sieb schütten. Grünes Paprikapulver ist ideal für leichte Dips mit Joghurt oder Frischkäse. Zum Überstäuben von weißen Suppen und Saucen.

Amomum melegueta, Amomum grana paradisi

PARADIESKÖRNER

ANDERE NAMEN › Guineapfeffer, Meleguetapfeffer, Malagettapfeffer, Alligatorpfeffer. Englisch: grains of paradise, guinea grains, melegueta pepper, alligator pepper.

ANBAULÄNDER › Westafrika. Hauptexporteur: Ghana.

AUSSEHEN › Die Paradieskörner erinnern an Kardamomsamen. Von außen sind sie rötlich-braun, innen cremefarben bis hellgrau. Werden sie gemörsert oder gemahlen, sieht das Pulver gräulich-weiß gesprenkelt aus.

AROMA & GESCHMACK › Die ganzen Samen duften nur schwach. Sobald sie gemahlen werden, entströmt ihnen ein überraschend süßlicher, weich-pudriger Duft, der an Vanille und Kardamom erinnert. Der Geschmack ist unerwartet scharf, wobei die Schärfe schnell wieder abklingt. Es bleibt ein kampferartiger, leicht herber Nachgeschmack.

ANGEBOTSFORMEN › Als ganze Samen.

IN DER KÜCHE › Paradieskörner können überall da eingesetzt werden, wo man sonst Pfeffer verwendet, aber eine andere Geschmacksnote wünscht. Die harten Samen lassen sich sehr gut in der Pfeffermühle mahlen. Ihr Aroma ist jedoch sehr flüchtig, weshalb man sie niemals auf Vorrat zerkleinern und immer erst über das fertige Gericht geben sollte. Ungemahlen sind sie lange haltbar.

> **MINIREZEPT ZUM KENNENLERNEN: MÖHRENSUPPE MIT PARADIESKÖRNERN**
> 150 g Zwiebeln und 2 Knoblauchzehen schälen, hacken und in 2 EL Öl anschwitzen. 500 g Möhren in Stückchen dazugeben, mit 2 TL Zucker bestreuen und mit ½ l Brühe ablöschen. 150 g Kartoffeln in Stückchen dazugeben und alles in ca. 15 Min. zugedeckt gar kochen. Pürieren und mit ca. ¼ l Milch, Sahne oder Orangensaft (oder einer Mischung davon) mischen. Die Suppe mit Salz, etwas Zitronensaft und 1–2 TL frisch gemahlenen Paradieskörnern würzen.

BESONDERS GUT ZU › Gerichten der afrikanischen und nordafrikanischen Küche, vor allem zu marokkanischen und tunesischen Gerichten. Paradieskörner harmonieren mit Lamm, Geflügel oder Ente, Fisch und Krustentieren, Pilzen, Auberginen, Kürbis, Möhren und Avocados. Wegen des weich-vanilligen Aromas passen sie auch zu Süßspeisen, z. B. heller und dunkler Mousse au chocolat, Kompott und Pürees aus Früchten wie Birne, Pfirsich, Pflaumen, Ananas, Mango oder Papaya.

VERTRÄGT SICH GUT MIT DIESEN GEWÜRZEN › Kardamom, Ingwer, Bourbon-Vanille, Tahiti-Vanille, Tonka, Gewürznelke, Zimt, Macis, Cayenne.

WISSENSWERTES › Im Mittelalter bekam das Gewürz seinen Namen. Damit wollte man seinen »paradiesischen« Duft beschreiben, aber auch den hohen Preis rechtfertigen, denn etwas, das direkt aus dem Paradies kam, musste einfach unbezahlbar sein.
Lange gerieten Paradieskörner in Vergessenheit, waren nur noch exotischer Bestandteil der marokkanischen Gewürzmischung »Ras el Hanout« (Rezept S. 136). In den letzten Jahren wurden sie als Einzelgewürz wiederentdeckt. In anderen Sprachen werden sie auch »Guinea-Ingwer« oder »Guinea-Kardamom« genannt, was in beiden Fällen auf die botanische Verwandtschaft hinweist.

Piper nigrum

PFEFFER

ANDERE NAMEN › Echter Pfeffer. Englisch: pepper.

ANBAULÄNDER › Indien, Sri Lanka, Indonesien, Malaysia, Vietnam, Kambodscha und Brasilien. Erstklassige Qualitäten kommen aus Indien, Kambodscha und Vietnam. Indonesischer schwarzer Pfeffer ist schärfer, aber weniger aromatisch. Pfeffer aus Brasilien ist weder besonders scharf noch aromatisch. Guter weißer Pfeffer kommt von der indischen Malabar-Küste – am besten als Bio-Ware.

AUSSEHEN › Schwarzer, weißer, grüner und roter Pfeffer stammen von derselben Pflanze. Die 3–8 mm großen Körner werden in verschiedenen Reifegraden geerntet und behandelt, weisen deswegen unterschiedliche Färbungen auf: von tiefschwarz bis braun-schwarz, cremefarben bis hellgrau, leuchtend-grün bis olivgrün und von hellrot bis rötlich rostbraun.

AROMA & GESCHMACK › Das Spektrum von frisch gemahlenem Pfeffer reicht von krautig-mild über mineralisch-frisch und fruchtig-rauchig bis fruchtig-süßlich (s. Beschreibungen der Sorten S. 92–93).

WIRKUNG › Der wichtigste Inhaltsstoff, das Piperin, löst im Körper einen Schmerzreiz aus, der die körpereigene Produktion von Endorphinen ankurbelt. Diese »Glückshormone« sorgen für Wohlbefinden und den sogenannten »Pepper High Effect« (s. auch S. 12). Daneben fördert es die Verdauung und die Fettverbrennung, wirkt fiebersenkend, antibakteriell und ist dazu ein wirksames Insektengift.

ANGEBOTSFORMEN › Als ganze Körner, auch grob oder fein geschrotet oder fein gemahlen. Grüner und roter Pfeffer auch in Salz- oder Essiglake eingelegt. Gelegentlich gibt es auf Wochenmärkten oder in Asienläden frische grüne Pfefferrispen. Die sollten in Frischhaltefolie im Kühlschrank gelagert und umgehend verwendet werden, da sie in kürzester Zeit trocknen und schwarz werden.

PFEFFERTEST ZUM AUSPROBIEREN
Wie schnell gemahlener Pfeffer an Aroma verliert, können Sie leicht testen: Mahlen Sie schwarzen Pfeffer, schnuppern sie daran und »merken« Sie sich das volle, vielschichtige Aroma aus fruchtigen, nussigen und rauchigen Tönen. Dann lassen Sie den gemahlenen Pfeffer stehen und schnuppern von Tag zu Tag immer wieder daran. Wenn Sie sich den Geruch nach dem ersten Mahlen nicht merken konnten: einfach eine kleine Menge frisch mahlen und vergleichen. Der Unterschied ist enorm!

IN DER KÜCHE › Pfeffer sollte grundsätzlich immer im Ganzen gekauft und frisch zerkleinert werden. Denn gemahlener Pfeffer verliert in kürzester Zeit sein Aroma (s. Pfeffertest oben). Getrocknete Pfefferbeeren kann man im Ganzen mitkochen, direkt im Gericht, z. B. einem Fond, oder unter Verwendung einer Gewürzkugel oder eines Teebeutels. Man kann sie mörsern, wobei sich der relativ mürbe grüne Pfeffer besonders gut mörsern lässt. Normalerweise werden die Körner in die Pfeffermühle gefüllt und direkt über das Essen gemahlen. Dafür sind alle Sorten gut geeignet.
Die weichen eingelegten Pfeffersorten werden vor der Verwendung am besten in ein Sieb geschüttet und gründlich gespült, um den Geschmack der Lake zu reduzieren. Anschließend werden sie im Ganzen oder gehackt bzw. gequetscht an das Essen gegeben, bei gekochten Gerichten meist erst zum Schluss.

›PFEFFER

BESONDERS GUT ZU › fast allen Gerichten. Pfeffer ist neben Salz das
Gewürz, zu dem am ehesten gegriffen wird. Auch wird die
Menge, anders als bei den anderen Gewürzen, selten ange-
geben: Man pfeffert nach Geschmack.
Dabei ist **schwarzer Pfeffer** der absolute Allround-Pfeffer.
Weißer Pfeffer harmoniert gut mit hellem Fleisch und
Fisch und wird traditionell für weiße Saucen eingesetzt.
Und man nimmt ihn gern dann, wenn es mehr um Schärfe
als um Aroma geht. **Grüner Pfeffer** passt bestens zu Fisch
und Gemüse, zu Dips und Dressings in der leichten Küche.
Er ist perfekt für Menschen, die gerne aromatisch, aber
nicht allzu scharf essen. **Roter Pfeffer** gibt Thunfisch und
dunklem Fleisch wie Wild, Rind und Ente eine edle Note.

VERTRÄGT SICH GUT MIT DIESEN GEWÜRZEN › Es gibt im Prinzip kein
anderes Gewürz, das nicht mit Pfeffer harmoniert.

Schwarzer Pfeffer ergänzt besonders gut andere warm-
würzige bis herbe Gewürze wie Muskatnuss, Piment, Zimtblüten oder Gewürznelken, wie z. B. im warm-würzigen
Pfeffer-Mix (Rezept S. 140). Hervorragend passt er als Ge-
genpol zu süßlichen Gewürzen wie Paprika, Vanille oder
Zimt. In Kombination mit anderen ausgeprägten Pfeffersorten wie Langpfeffer, Kubeben- oder Bergpfeffer zeigt er
seine Anpassungsfähigkeit, mit der er andere Sorten nie
dominiert, aber immer kraftvoll unterstreicht. In Desserts
ergänzt er dunkle Beerenfrüchte, Zwetschgen und Quitten
und alle schokoladigen Zubereitungen.

Grüner Pfeffer passt perfekt zu anderen frischen Gewürzen wie Ingwer, Galgant, Kardamom, Limettenblatt, Lemon Myrtle oder Szechuanpfeffer.

Weißer Pfeffer verträgt sich ebenfalls besonders gut mit frischen Gewürzen, dazu mit Koriander, Kreuzkümmel, Zimt und Muskatnuss.

Roter Pfeffer ist eine Rarität, sollte wegen seines einmaligen Aromas möglichst als Single-Gewürz verwendet werden.

WISSENSWERTES › Pfeffer wurde schon im alten Rom verschwenderisch eingesetzt. Von Aspicius, einem römischen Koch, gibt es bereits Rezepte mit gepfefferten Erdbeeren.
Auf der Suche nach dem wertvollen Gewürz segelte Columbus westwärts und fand im vermeintlichen »Hinterindien« keinen Pfeffer, dafür aber Piment und Chili (»Spanischer Pfeffer«) – und »nebenbei« entdeckte er Amerika.
Im Mittelalter war das »schwarze Gold« so kostbar, dass die Körner einzeln verkauft wurden.
Der klassische bunte Pfeffer (s. Foto unten, Rezept S. 140) besteht aus schwarzem, grünem, weißem Pfeffer und rosa Pfefferbeeren!

SCHWARZER PFEFFER

WEISSER PFEFFER

Er wird geerntet, wenn sich die Körner von grün zu gelblich färben. Anschließend werden sie an der Sonne getrocknet. Die schwarz-braunen bis schwarzen Pfefferbeeren haben eine runzlige Oberfläche, die sich aus dem Schrumpfen des Fruchtfleisches beim Trocknen ergibt. Schwarzer Pfeffer riecht kräftig-würzig und dunkel-fruchtig nach dunklen Früchten und Orangenschalen und warm wie Gewürznelken mit Noten nach Holz, Eukalyptus und Rauch. Seine Schärfe entwickelt sich, wird langsam stärker, während sich der fruchtig-rauchige Geschmack im Mund ausbreitet und länger anhält als das Schärfeempfinden.

Der besonders aromatische **Tellicherry-Pfeffer** wird geerntet, wenn sich die Beeren gelb-orange färben. Damit ist er ein »Spätlese«-Pfeffer. Seine eher bräunlichen Beeren sind etwas größer.

Die Rispen werden fast reif geerntet, danach 7–14 Tage gewässert. Das aufgeweichte Fruchtfleisch wird mechanisch entfernt. Zurück bleiben die glatten, cremefarbenen Kerne. Sie enthalten mehr von dem Scharfstoff Piperin, das vor allem in den Kernen enthalten ist, und weniger Aroma aus dem Fruchtfleisch.

Weißer Pfeffer kann einen strengen bis unangenehmen animalischen Geruch entwickeln, der mit der Herstellung in Zusammenhang steht. Wird er zu lange gelagert, verstärkt sich der Geruch. Weißer Bio-Pfeffer aus Indien weist diese Aromatik nicht auf. Er riecht angenehm mineralisch, cremig und frisch. Die Schärfe ist kräftig-brennend, der Geschmack weniger aromatisch, doch mit einem frischen zitrusartigen Nachgeschmack.

GRÜNER PFEFFER

ROTER PFEFFER

Grüner Pfeffer wird unreif geerntet und sofort in Essig- oder Salzlake eingelegt oder im Heißluftverfahren bzw. durch Schockgefrieren getrocknet. Die leichten, porösen Körner sind blass-grün bis hell olivfarben. Eingelegte grüne Pfefferkörner sind prall und leuchtend grün bis olivgrün. Grüner Pfeffer riecht frischkrautig und nach grünem Gemüse. Seine Schärfe ist mild, der Geschmack sehr frisch. Getrockneter grüner Pfeffer ist dabei etwas schärfer als frisch geernteter oder eingelegter.
Eingelegter grüner Pfeffer ist saftig und weich. Er passt zu Fisch, Fleisch, Dips und Brotaufstrichen. Er wird im Ganzen oder gehackt verwendet.

Die Körner werden rot ausgereift geerntet und sofort in Essig- oder Salzlake eingelegt. Oder sie werden getrocknet und verfärben sich rötlich-bräunlich bis dunkelbräunlich.
Echter roter Pfeffer ist eine Rarität, z. B. **Kampot-Pfeffer** aus Kambodscha oder **Pondycherry-Pfeffer** aus Süd-West-Indien. Getrockneter roter Pfeffer riecht süßlich und frisch, fruchtig nach getrockneten Kirschen mit feinen Tönen nach Tabak und Sandelholz. Der Geschmack von rotem Pfeffer ist fruchtig-süßlich wie Hagebutten und getrocknete Tomaten. Seine Schärfe ist mit der des schwarzen Pfeffers vergleichbar. Eingelegter roter Pfeffer ist prall, ähnlich wie der eingelegte grüne Pfeffer, seine Farbe ist rot, aber etwas blässlich. Er ist weniger süß und deutlich schärfer. Beim Daraufbeißen ist sein halbweicher Kern spürbar.

Pimenta officinalis

PIMENT

ANDERE NAMEN › Nelkenpfeffer, Allgewürz, auch Neugewürz. Englisch: allspice.

ANBAULÄNDER › Jamaica, Guatemala, Mexiko, Costa Rica, Venezuela.

AUSSEHEN › Die kugeligen rötlich-braunen Körner haben eine etwas raue Oberfläche und einen Durchmesser von 4–10 mm.

AROMA & GESCHMACK › Piment duftet warm würzig nach Gewürznelken, Zimt und Muskatnuss. Der Geschmack ist süßlich, pfeffrig und leicht brennend, an Muskatnuss und Gewürznelken erinnernd, aber weicher.

WIRKUNG › Piment beruhigt den Magen und regt Appetit- und Verdauung an. Pimentöl hilft eingerieben bei Muskelkater und Verspannungen, wirkt dazu entzündungshemmend, antibakteriell und bei Zahnfleischbluten.

ANGEBOTSFORMEN › Als ganze Samen oder fertig gemahlen.

IN DER KÜCHE › Für Gerichte mit langen Garzeiten werden die ganzen Pimentkörner mitgekocht. Bei kürzeren Garzeiten werden sie zuvor im Mörser zerstoßen oder frisch gemahlen. Aufgrund seiner vielschichtigen Aromen kann man Piment wie eine »Gewürzmischung« einsetzen, z. B. bei orientalischen Gerichten.

MINIREZEPT ZUM KENNENLERNEN: SÜSSKARTOFFELSTAMPF MIT PIMENT

800 g Süßkartoffeln schälen und in Salzwasser garen. Abgießen, ausdampfen lassen und zerstampfen. Mit 2 TL frisch gemahlenem Piment, 2–3 TL Zitronensaft, Salz und Cayenne würzen. 1–2 EL Butter untermischen. Süßkartoffelstampf mit gehackter Petersilie bestreuen. Passt zu Schweinefilet, Schweinekotelett, Schnitzel oder Hähnchenbrustfilet.

BESONDERS GUT ZU › internationalen Spezialitäten wie z. B. mexikanischer Mole-Sauce oder kreolischen Jerk-Saucen. In Deutschland gehört Piment in die Weihnachtsbäckerei und in Glühwein, an eingelegten Hering, Bratwurst, Rotkohl und an Wild. Dazu passt das Gewürz zu Lamm, Schwein und Kaninchen. Zu Kürbis, Möhren, Süßkartoffeln, Spinat, Tomaten und Rote Bete. Außerdem würzt Piment Kompotte, Marmeladen und Chutneys aus Birnen, Äpfeln, Pflaumen oder Quitten.

VERTRÄGT SICH GUT MIT DIESEN GEWÜRZEN › Gewürznelke, schwarzer Pfeffer, Zimt, Muskatnuss, Macis, Ingwer, Lorbeer, Kardamom, Bourbon-Vanille, Anis, Sumach, Chili, Koriander.

WISSENSWERTES › Piment ist das typische Gewürz in klassischem Tomatenketchup und in Merguez, der bekannten marokkanischen Wurst.

Als Columbus westwärts segelte, fand er weder Indien noch den damals so begehrten Pfeffer. Aber er fand ein entfernt ähnlich aussehendes Gewürz, dem er den Namen »Pimienta« gab, was im Spanischen soviel wie »Pfeffer« bedeutet.

Die würzig-pfeffrigen Pimentkörner sind – trotz der Namensgleichheit – nicht verwandt mit der baskischen Chilispezialität Piment d'Espelette (s. S. 43).

Schinus terebinthi-folius

ROSA PFEFFERBEEREN

ANDERE NAMEN › Brasilianischer Pfeffer. Englisch: pink pepperberries.

ANBAULÄNDER › Brasilien, Mexiko, Ecuador, La Réunion.

AUSSEHEN › Die leuchtend-roten, etwa pfefferkorngroßen, kugeligen Beerenfrüchte besitzen eine brüchige, pergamentartige Außenhaut, unter der sich ein hellbrauner, nicht ganz fester und etwas klebriger Kern befindet. Gute Qualitäten erkennt man daran, dass möglichst wenige Beeren zerdrückt sind.

AROMA & GESCHMACK › Frisch zerstoßene Pfefferbeeren duften süßlich-blumig, fein-holzig und etwas harzig. Rosa Pfefferbeeren schmecken zunächst angenehm süßlich und fruchtig, gefolgt von leicht herben, etwas terpentinartigen und dezent pfeffrigen, aber nicht scharfen Noten.

WIRKUNG › Einige der ätherischen Öle sollen antibakteriell und entzündungshemmend wirken. Es wird aber von zu häufigem Verzehr abgeraten, da die Pfefferbeeren auch allergische Reaktionen wie Reizung der Schleimhaut oder Atemprobleme bewirken können.

ANGEBOTSFORMEN › Als ganze Beeren. Oft als Bestandteil des sogenannten »bunten Pfeffers« (Rezept S. 140) mit schwarzen, weißen oder grünen Pfefferkörnern.

IN DER KÜCHE › Zusammen mit anderen festen Gewürzkörnern wie Pfeffer lassen sich die weichen Pfefferbeeren in Pfeffermühlen mahlen. Allein kann man sie nur im Mörser zerstoßen oder im Blitzhacker zerkleinern. Meistens werden sie aus optischen Gründen im Ganzen über das Essen gestreut, aber keinesfalls mitgekocht.

MINIREZEPT ZUM KENNENLERNEN: AVOCADOSALAT MIT ROSA PFEFFER
4 EL mildes Olivenöl mit 2 TL Dijonsenf, 1 TL Akazienhonig, Salz und frisch gemahlenem schwarzem Pfeffer verrühren. 1 ½ EL Apfel-Balsamessig untermischen. 2 reife Avocados in Spalten schneiden, auf einem Bett von würzigen, gemischten Blattsalaten oder jungen Spinat- und Mangoldblättern anrichten und mit dem Dressing beträufeln. 1 EL rosa Pfefferbeeren im Mörser zerstoßen und darüberstreuen.

BESONDERS GUT ZU › süßen und pikanten Gerichten. Zu Ente, Schwein und Huhn. Zu weißem Fischfilet mit hellen Saucen, Jakobsmuscheln und Garnelen. Zu Pasta mit Sahnesauce, Dips und Saucen auf Basis von Crème fraîche oder Frischkäse. Zu Früchten wie Pfirsich, Nektarine, Papaya, Mango, Melone oder Orangen. Raffiniert in Verbindung mit Eiscreme und Schokolade.

VERTRÄGT SICH GUT MIT DIESEN GEWÜRZEN › Schwarzer Pfeffer, Langpfeffer, Bergpfeffer, Chili, Piment, Vanille, Tonka, Gewürznelke, Kardamom, Zimt, Wacholder, Thymian, Rosmarin.

WISSENSWERTES › Rosa Pfefferbeeren gehören nicht in die Pfeffer-Familie *(Piper nigrum),* auch wenn sie oft als »Roter Pfeffer« (S. 93) angeboten werden.
Ein naher Verwandter des brasilianischen Pfefferbaums ist der **Peruanische Pfefferbaum** *(Schinus molle),* dessen Früchte etwas größer sind und die u. a. zum Aromatisieren eines Bieres verwendet werden. In Europa sind sie jedoch kaum zu bekommen.

Crocus sativus

SAFRAN

ANDERE NAMEN › Englisch: saffron.

ANBAULÄNDER › Der Großteil der Welternte kommt aus dem Iran. Weitere Anbaugebiete sind Spanien, Italien, Griechenland und Nordindien (»Kaschmir-Safran«). Dazu kommen sehr kleine Flächen in der Schweiz (Kanton Mundt) und Österreich (»Pannonischer Safran«).

AUSSEHEN › Die weinroten bis rostroten Stempelfäden einer Krokusart sind 1–3 cm lang und an einem Ende deutlich verdickt. Gute Qualitäten erkennt man daran, dass sie wenig weiße Anteile enthalten. Preiswerte Sorten sind oft dünn und etwas struppig.

AROMA & GESCHMACK › Unverwechselbarer, typisch blumiger, honig- und moschusartiger, hoch-aromatischer Duft. Zart-herb bis erdig im Geschmack.

WIRKUNG › Safran wärmt und entspannt, harmonisiert den Stoffwechsel und wirkt positiv auf die Stimmung. Er fördert die Durchblutung der Haut, mildert Menstruationsbeschwerden und regt die Hormonbildung an. Safran wirkt intensiv auf die Sinne und gilt als starkes Aphrodisiakum.

ANGEBOTSFORMEN › Ganze Safranfäden und gemahlen in Döschen oder Briefchen à 0,1 g / 0,5 g / 1 g / 2 g / 5 g. Safran grundsätzlich nur als ganze Fäden kaufen, da die Pulver schon einen großen Teil ihres Aromas verloren haben und oft auch gestreckt sind, z. B. mit Kurkuma.

IN DER KÜCHE › Die Fäden werden vor der Verwendung im Mörser fein zerrieben, z. B. mit einer Prise Salz oder Zucker. Danach mit etwas Flüssigkeit verrühren (Safran ist wasserlöslich!) und 15 Min. ruhen lassen. Flüssigkeit nach der Hälfte der Kochzeit an das Gericht geben. So wird das kostbare Aroma gleichmäßig im Gericht verteilt und kommt dann zur Geltung, wenn es sich voll entwickelt hat.

MINIREZEPT ZUM KENNENLERNEN: SAFRAN-COUSCOUS
2 Msp. Safranfäden mit etwas Salz zerreiben, mit 100 g Instant-Couscous mischen, mit 150 ml heißer Brühe übergießen und 5 Min. quellen lassen. 1 EL Butter und etwas abgeriebene Bio-Zitronenschale untermischen. Safran-Couscous pfeffern. Mit gerösteten Pinienkernen und gehackter Petersilie bestreuen.

BESONDERS GUT ZU › Risotto, Bouillabaisse und Paella. Safran passt zu Edelfisch und Meeresfrüchten, Geflügel, Lamm und Kaninchen. Zu Couscous, Reis, Pasta und klaren oder gebundenen Suppen. Harmoniert mit Möhren und Kürbis. Passt zu sahnigen Desserts und Gebäck.

VERTRÄGT SICH GUT MIT DIESEN GEWÜRZEN › Kardamom, Paprika, Cayenne, Zimt, Pfeffer, Ingwer, Vanille, Gewürznelke, Muskatnuss, Anis, Rosenknospen.

WISSENSWERTES › Safran ist mit Recht das teuerste Gewürz der Welt, schließlich müssen die Stempelfäden aus 120.000–150.000 Blüten gezupft werden, um 1 kg des Gewürzes zu bekommen. Wegen des hohen Preises wird viel gefälscht, oder es werden andere Gewürze als »Safran« angeboten, z. B. Kurkuma oder Ringelblumen.
Auch **Saflor** oder **Färberdistel** (*Cartamus tinctorius*) wird Touristen gerne als »Safran« angeboten. Im Gegensatz zum aromatischen Safran ist Saflor nahezu geruch- und geschmacklos.

Nigella sativa

SCHWARZ-KÜMMEL

ANDERE NAMEN › Schwarzer Koriander, Zwiebelsamen, Kalonji. Englisch: nigella, onion seed.

ANBAULÄNDER › In nahezu allen Ländern zwischen Ägypten und Indien.

AUSSEHEN › Die ca. 3 mm großen Samen sehen wie kantige Tropfen aus. Die Oberfläche ist matt und samtig-schwarz.

AROMA & GESCHMACK › Im Ganzen haben die Samen nur ein geringes Aroma. Frisch zerstoßen duften sie pfeffrig, kümmel- und lorbeerähnlich und deutlich nach Oregano bzw. Majoran. Der Geschmack ist herzhaft intensiv, etwas rauchig, nussig und herb, ein wenig an Mohn erinnernd.

WIRKUNG › Schwarzkümmel soll gegen Asthma und verschiedene Allergien helfen, die Verdauung fördern und den Cholesterinspiegel senken. Dazu wirkt er keimtötend und verlängert z. B. die Haltbarkeitsdauer eingelegten Gemüses. Das Öl ist reich an Linol- und Linolensäure, die der menschliche Körper nicht selber herstellen kann.

ANGEBOTSFORMEN › Als ganze Samen und als Schwarzkümmelöl.

IN DER KÜCHE › Man streut die ganzen oder frisch zerstoßenen Samen über das fertige Gericht. Oder man röstet sie zuvor trocken oder in etwas Öl an. Das sehr intensiv schmeckende Schwarzkümmelöl wird nur sehr sparsam an Suppen oder Saucen gegeben. Oder man mischt es mit einem neutralen Öl wie z. B. Sonnenblumenöl.

> **MINIREZEPT ZUM KENNENLERNEN: FETA-TOMATEN-SALAT MIT SCHWARZKÜMMEL**
> 200 g Fetakäse würfeln. 200 g Kirschtomaten und 100 g in Olivenöl eingelegte Tomaten klein schneiden und mit dem Feta mischen. Alles nach Geschmack pfeffern. Mit 1 TL frisch zerstoßenem Schwarzkümmel und 1 TL gehacktem Thymian bestreuen.

BESONDERS GUT ZU › orientalischen Fladenbroten, meist zusammen mit Sesam. Schwarzkümmel passt auch zu Kartoffelgerichten, Hülsenfrüchten, Kürbis, Möhren, Zucchini, Blumenkohl, Brokkoli, Auberginen, Kohl und Gurken. Zu Süßkartoffeln und Reis. Zu Lamm und Huhn, Eierspeisen und Quark-Zubereitungen.

VERTRÄGT SICH GUT MIT DIESEN GEWÜRZEN › Fenchel, Kreuzkümmel, Kurkuma, Koriander, Bockshornklee, brauner Senf, schwarzer Pfeffer, Anis, Zimt, Kardamom, Lorbeer, Piment, Muskatnuss, Thymian, Bohnenkraut.

WISSENSWERTES › Fälschlicherweise wird Schwarzkümmel oft als »Schwarzer Sesam« angeboten.
Nah verwandt ist der **Garten-Schwarzkümmel** *(Nigella damascena)*, der auch »Jungfer im Grünen« genannt wird. Die Samen werden in der Naturheilkunde verwendet, als Küchengewürz jedoch kaum noch.
Im alten Ägypten wurde Schwarzkümmel bei Husten verabreicht. Dazu wurde es als Badezusatz verwendet und zur Haut- und Haarpflege. Auch heute wird das Öl noch als Haarkur bei trockenen Haaren empfohlen.

Apium graveolens

SELLERIESAMEN

ANDERE NAMEN › Englisch: celery seed.

ANBAULÄNDER › Indien, China, Mittel-Europa.

AUSSEHEN › Die blass-bräunlichen winzigen Selleriesamen ähneln Ajowansamen, sind aber nur 0,5–1 mm groß.

AROMA & GESCHMACK › Selleriesamen riechen intensiv krautig-würzig und süßlich-herb nach Selleriegrün, Liebstöckel und Petersilienwurzel, mit einer deutlichen Kümmel-Note. Außerdem Töne nach Zitronenschale und Macis. Der Geschmack ist ähnlich intensiv, dazu recht bitter.

ANGEBOTSFORMEN › Als ganze Früchte und gemahlen.

IN DER KÜCHE › Selleriesamen sind so klein, dass sie sich nur schwer in der Mühle mahlen lassen. Sie lassen sich aber gut im (Granit)-Mörser zerstoßen, am besten zusammen mit etwas Salz. Weil die Samen so klein sind, kann man sie auch gut im Ganzen oder nur kurz gemörsert mitkochen, wobei sie ausgesprochen hitzestabil sind. Wegen seines intensiven und bitteren Geschmacks wird Selleriesamen nur sparsam dosiert.

BESONDERS GUT ZU › gegartem Gemüse wie Möhren, Sellerie, Steckrüben und Pastinaken – auch als Selleriesalz. Zu rohem und gegartem Gemüse wie Tomaten, Gurken und Weißkohl, z. B. zu einem Coleslaw-Salat. Zu Kartoffeln (gekocht, püriert, gebraten, gratiniert, frittiert) und zu Hülsenfrüchten. Zu Fisch und Hühnchen. Zu Eierspeisen, in Dressings, pikantem Quark.

VERTRÄGT SICH GUT MIT DIESEN GEWÜRZEN › Koriander, Kurkuma, Kreuzkümmel, Muskatnuss, schwarzer Pfeffer, Limette, Ajowan, Schwarzkümmel, Fenchel, Anis, Kümmel, Zimt, Sumach, Gewürznelke.

Xylopia aethiopica

SENEGALPFEFFER

ANDERE NAMEN › Selimpfeffer, Mohrenpfeffer, Kanipfeffer. Englisch: senegal pepper, grains of selim, negro pepper.

ANBAULÄNDER › Westafrika und andere tropische Gegenden in Afrika.

AUSSEHEN › Die matt-dunkelbraunen, 3–6 cm langen Schoten erinnern an kleine Hülsenfrüchte. Beim Aufbrechen sieht man die glänzend schwarzen Samen, die in das rötlich-bräunliche Innere der Schoten eingebettet sind.

AROMA & GESCHMACK › Der Geruch ist süßlich-frisch, krautig und herb, mit deutlichen Noten nach Fenchel, Kampfer, Muskatnuss und Kubebenpfeffer. Der Geschmack ist süßlich, kampferartig und harzig mit relativ geringer Schärfe, die auf der Zunge einen leicht betäubenden Effekt hinterlässt. Aroma und frischer Geschmack kommen überwiegend aus der Hülle. Die weniger aromatischen Samen sind für den herb-bitteren Geschmack verantwortlich.

ANGEBOTSFORMEN › Als ganze Früchte.

IN DER KÜCHE › Stangen auf einer Muskatreibe fein reiben. Oder zerschneiden und in der Elektromühle mahlen. Für Eintöpfe und Suppen kann man sie im Mörser grob zerkleinern, in ein Mullsäckchen füllen und so mitkochen.

BESONDERS GUT ZU › westafrikanischen Gerichten mit Geflügel, Fisch und Gemüse wie Tomaten, Süßkartoffeln, Yams oder Kürbis, in Verbindung mit Cashew- oder Erdnüssen.

VERTRÄGT SICH GUT MIT DIESEN GEWÜRZEN › Koriander, Kurkuma, Kreuzkümmel, Chili, schwarzer Pfeffer, Paradieskörner, Kubeben, Langpfeffer, Piment, schwarzer Senf, Gewürznelken, Zimt, Paprika.

Brassica juncea

SENF (BRAUNER SENF)

ANDERE NAMEN › Indischer Senf, Serapta-Senf. Englisch: brown mustard seed.

ANBAULÄNDER › Brauner Senf kommt aus Asien, vor allem Indien.

AUSSEHEN › Die braunen Körner der asiatischen Senfpflanze sind mit einem Durchmesser von ca. 1 mm deutlich kleiner als gelbe Senfkörner (s. S. 106).

AROMA & GESCHMACK › Braune Senfkörner duften etwas stärker als gelber Senf, vor allem, wenn sie frisch gemahlen sind. Sie riechen entfernt nach schwarzem Pfeffer, jedoch etwas dumpf. Der Geschmack ist leicht herb, mit dem Kauen und der Schärfeentwicklung steigern sich Aroma und Geschmack, der deutlich an Meerrettich und Nüsse erinnert. Die Schärfe ist kräftiger als von gelbem Senf und entwickelt sich erst in Verbindung mit Wasser.

WIRKUNG › Brauner Senf regt – wie gelber Senf – die Verdauungstätigkeit an, ist also ideal zu allen fetten Gerichten. Er wirkt dazu antibakteriell und keimtötend, wird u. a. eingesetzt bei Asthma, Bronchitis, Gelenkentzündung, Muskelschmerzen und Sodbrennen.

ANGEBOTSFORMEN › Als ganze Samen, geschrotet oder gemahlen. Als Senfzubereitung in Glas oder Tube. Der besonders scharfe Düsseldorfer Senf oder auch Dijonsenf wird ganz oder zum großen Teil aus brauner Senfsaat hergestellt (s. Beschreibungen der beliebtesten Senfsorten S. 150).

IN DER KÜCHE › Trockenes Rösten verstärkt den nussigen Geschmack der ganzen Körner. Das Rösten in Öl lässt sie heller und eher grau werden, der nussige Geschmack intensiviert sich. Dazu werden die Samen angenehm knusprig und sie verlieren an Schärfe. Beim Rösten soll man darauf achten, dass die Senfkörner beim Aufplatzen nicht aus der Pfanne springen. Sobald sie zu knistern beginnen, Pfanne vom Herd ziehen oder einen Deckel auflegen.

MINIREZEPT ZUM KENNENLERNEN: BROKKOLI MIT SENF
3 EL Öl erhitzen. 2 TL braune Senfkörner darin unter Rühren anrösten, bis sie knistern. Sofort je 2 fein gewürfelte Schalotten und Knoblauchzehen dazugeben und unter Rühren goldgelb anschwitzen. 4 Eier wachsweich oder hart kochen, schälen und vierteln. Inzwischen 500 g Brokkoli in Röschen teilen und in Salzwasser in 6–8 Min. nicht zu weich garen. Abgießen und mit den Eiern in eine Schüssel geben. Das Würzöl über Eier und Brokkoli geben.

BESONDERS GUT ZU › traditionellen Gerichten der indischen Küche, z. B. in Würzölen (»Tadkas«), Linsenpüree (»Dal«), Kartoffeln, Bohnen, Tomaten und in Chutneys.
Senfzubereitungen mit braunen und/oder gelben Senfkörnern passen zu Würstchen, fettem Fleisch, Sülze, Frikadellen, Käse und würzen Rouladen, Steaks, Suppen, Saucen und Vinaigrettes.

VERTRÄGT SICH GUT MIT DIESEN GEWÜRZEN › Koriander, Kreuzkümmel, Zimt, schwarzer Pfeffer, Bockshornklee, Schwarzkümmel, Fenchel, Kurkuma, Curryblatt, Asant, Chili.

WISSENSWERTES › In Dijon wurde Senf mit Traubenmost angesetzt. Daher stammt der lateinische Name »Mustum ardens«, was soviel wie »brennender Most« heißt. Daraus entwickelten sich das französische Wort für Senf »Moutarde«, das deutsche Wort »Mostrich« und das englische »Mustard«.

Sinapis alba

SENF (GELBER SENF)

ANDERE NAMEN › Weißer Senf. Englisch: white mustard seed.

ANBAULÄNDER › Gelber Senf stammt vermutlich aus dem Mittelmeerraum. Anbau in Nord-, Mittel- und Südeuropa, auch in
Amerika, Kanada.

AUSSEHEN › Die kugeligen gelben Senfkörner sind sand- bis ockerfarben
und haben einen Durchmesser von 1,5–2 mm. Damit sind
sie deutlich größer als braune Senfkörner (s. S. 104).

AROMA & GESCHMACK › Gelbe Senfkörner haben ein schwaches, süßli-
ches Aroma. Gemahlen duften sie etwas stärker, jedoch auch
herb. Gelbe Senfkörner schmecken zunächst süßlich, dann
nussig und mild-herb. Die recht leichte Schärfe entwickelt sich
erst, wenn sich die wasserlöslichen Scharfstoffe mit dem Speichel mischen. Gleichzeitig verstärken sich Aroma und Geschmack. Das Schärfeempfinden ist nicht sehr langanhaltend.

WIRKUNG › Frisch hergestelltes Pulver aus gelben Senfkörnern wird mit Wasser verrührt für Umschläge gegen Schmerzen und zur besseren Durchblutung verwendet. Als Brustwickel hilft gelber Senf bei Bronchitis.

ANGEBOTSFORMEN › Als ganze Samen, geschrotet oder gemahlen. Als Senfzubereitung in Glas oder Tube. Gelber Senf wird vor allem für milde und mittelscharfe Zubereitungen verwendet, z. B. für »Delikatess-Senf«. Die gelbe Farbe kommt dabei meistens von Kurkuma. Viele Senfzubereitungen enthalten gelben und braunen Senf (s. Beschreibungen der beliebtesten Senfsorten S. 150).

IN DER KÜCHE › Gelbe Senfkörner lassen sich wie braune als Einlegegewürz verwenden. Auch bei ihnen verstärkt trockenes Rösten den nussigen Geschmack. Das Rösten in Öl lässt gelbe Senfkörner noch nussiger und dunkler werden. Beim Rösten darauf achten, dass die Senfkörner beim Aufplatzen nicht aus der Pfanne springen. Sobald sie zu knistern beginnen, Pfanne vom Herd ziehen oder einen Deckel auflegen. Gelbe Senfkörner in einer kleinen Elektromühle mit Schlagwerk zerkleinern, dabei aufpassen, dass sich die Masse nicht zu sehr erwärmt, also kleine Pausen einlegen. Das Pulver ist wegen der Schalen relativ grob. Man kann es durchsieben oder industriell gemahlenes Senfmehl kaufen. Für eine Paste das Senfpulver mit kaltem Wasser anrühren. Nach 10 Min. kann man die Paste benutzen, z. B. zum Einstreichen von Fleisch. So erhält man den puren Senfgeschmack, ohne Essig oder Zucker wie bei einer Fertigzubereitung.

MINIREZEPT ZUM KENNENLERNEN: SENF (GRUNDREZEPT)
100 ml Wasser mit 75 ml mildem Reis-, Apfel- oder Weinessig aufkochen. 2 EL Zucker und 2 TL Salz darin auflösen. 125 g gelbes Senfpulver (am besten frisch gemahlen) unterrühren. Mischung 2 Tage stehen lassen, dabei öfter umrühren. Nach Geschmack würzen, z. B. mit grünem Pfeffer, Piment, Chili, Zimt oder Curry etc. Je nach gewünschter Konsistenz nochmals durchmixen. Senf in saubere Schraubgläser füllen und 1–2 Wochen reifen lassen. Hält im Kühlschrank ca. 6 Monate. Für schärferen Senf das gelbe Senfpulver ganz oder anteilig durch braunes ersetzen.

BESONDERS GUT ZU › eingelegten Gurken, Marinaden für Brathering oder Sauerbraten. Zu Würsten, Sülze, Mixed Pickles. Für Senfzubereitungen, Dips, Saucen und Chutneys.

VERTRÄGT SICH GUT MIT DIESEN GEWÜRZEN › Piment, Pfeffer, Chili, Lorbeer, Dillsamen, Ingwer, Muskatnuss, Gewürznelken.

Illicium verum

STERNANIS

ANDERE NAMEN › Veraltet: Badian. Englisch: star anise, chinese anise.

ANBAULÄNDER › Südchina und Vietnam, auch in einzelnen Regionen der Philippinen und in Laos.

AUSSEHEN › Die braun-roten, ca. 3 cm großen, sternförmigen Früchte haben meistens 8 Zacken, es können aber auch 7 oder bis zu 12 Zacken sein. Die Rückseite mit dem Stielansatz ist rau, das Innere der Samenkammern glatter. Die darin enthaltenen Samen glänzen orangefarben.

AROMA & GESCHMACK › Sternanis riecht süßlich, anisähnlich und nach Lakritze mit zusätzlichen Eukalyptus- und Kampfernoten. Der Geschmack ist erst süß-säuerlich, dann süßlich-herb und etwas zimtähnlich. Die Samen sind weniger aromatisch als die Fruchthülle.

WIRKUNG › Die ätherischen Öle im Sternanis werden bei Husten und Erkältungskrankheiten eingesetzt. Sternanis wirkt dazu krampf- und schleimlösend. Hauptsächlich wird Sternanis in der traditionellen Chinesischen Medizin verwendet.

ANGEBOTSFORMEN › Als ganze Anissterne, auch gebrochen oder fein gemahlen.

IN DER KÜCHE › Die ganzen Sterne werden in Suppen, Schmorgerichten sowie Punsch und Glühwein mitgekocht. Gebrochene Sterne eignen sich für Teemischungen. Das fein gemahlene Pulver für Gebäck verwenden und auch zum genauen Dosieren des intensiven Gewürzes.

> **MINIREZEPT ZUM KENNENLERNEN: GLÜHWEIN MIT STERNANIS**
> ½ l Rotwein, ½ l Orangensaft oder roten Traubensaft und 2 ganze Sternanis erhitzen, aber nicht kochen lassen. Mischung mind. 20 Min. ziehen lassen, dann nach Geschmack mit 2–3 EL Rohrzucker süßen.

BESONDERS GUT ZU › chinesischen und vietnamesischen Gerichten mit Ente, Huhn und Schwein. Zu Rotkohl, Tomaten, Kürbis, Süßkartoffeln. Zu Reisgerichten und Suppen. Zu Glühwein, Punsch und Weihnachtsgebäck. Sternanis passt auch gut zu Pfirsichen, Nektarinen, Birnen, Zwetschgen. Zu Pflaumenmus, Kompott und Chutney.

VERTRÄGT SICH GUT MIT DIESEN GEWÜRZEN › Zimt, Fenchel, Koriander, Chili, Kardamom, Muskatnuss, schwarzer Pfeffer, Szechuanpfeffer, Ingwer, Galgant, Piment, Vanille.

WISSENSWERTES › In China ist Sternanis schon seit mehr als 3.000 Jahren bekannt. Er ist auch heute noch Bestandteil des chinesischen 5-Gewürzes (Rezept S. 134).
Bereits im 17. Jahrhundert pflegte man am russischen Zarenhof, den Tee mit Sternanis zu würzen. Etwa 100 Jahre später wurde er in Deutschland populär und ist seitdem ein beliebtes Gewürz für Punsch und Weihnachtsgebäck. Sternanis wird auch direkt zum Räuchern verwendet oder zu Räucherstäbchen verarbeitet.
Sternanisöl wird von der Industrie zunehmend anstelle des deutlich teureren Anisöls eingesetzt, z. B. bei der Herstellung von Likören.

Rhus coriaria

SUMACH

ANDERE NAMEN › Essigbaumgewürz, Gewürzsumach, Gerbersumach, sizilianischer Sumach, Färberbaum. Englisch: sumac, sicilian sumac.

ANBAULÄNDER › Sizilien, Kreta, Türkei, Iran und weitere arabische und zentralasiatische Gebiete.

AUSSEHEN › Die rot-braunen, etwa pfefferkorngroßen Früchte des Gewürzsumachs wachsen in Rispen, die man als Ganzes aber nur sehr selten bekommt. Das meist angebotene Pulver ist rötlich, manchmal bräunlich-violett und von relativ grober Struktur.

AROMA & GESCHMACK › Der Geruch ist leicht essigartig, dabei etwas dumpf. Der Geschmack ist erfrischend säuerlich und herb-harzig, an Essig, Tamarinde und tanninhaltigen Rotwein erinnernd.

WIRKUNG › Die im Sumach enthaltenen Gerbstoffe machen fettes Essen leichter verdaulich und lindern Durchfallerkrankungen.

ANGEBOTSFORMEN › Vorwiegend als grobes Pulver. Meistens mit einem Zusatz von 7–15 Prozent Salz, um das Trocknen zu beschleunigen. Salzfreie Qualitäten gelten als besser, sind aber schwer zu bekommen.

IN DER KÜCHE › Sumach wird als säuerliches Tisch- und Streugewürz verwendet und zum Einreiben von Fleisch und Fisch vor dem Grillen. Sehr gut für Dips und Marinaden. Man kann das Pulver auch in etwas Wasser einweichen, nach 30 Min. abseihen und die Flüssigkeit zum Marinieren verwenden.

MINIREZEPT ZUM KENNENLERNEN: ZA'TAR
3 EL geschälten Sesam leicht rösten. Mit 2 EL Sumach, 1 EL getrocknetem Thymian und 1 TL Salz im Mörser leicht zerstampfen. Die Mischung ist ideal zum Überstreuen von gegrilltem oder gedämpften Gemüse, Frischkäse oder Hummus. Auch als Brotgewürz oder zum Marinieren von Oliven. Mit Olivenöl gemischt wird es mit Fladenbrot gedippt.

BESONDERS GUT ZU › mediterranen und orientalischen Gerichten. Zu Reis, Bulgur, Hummus oder Auberginenpüree. Zu Lamm, Rind, Huhn, Kaninchen. Tintenfisch, Sardinen, Rotbarben. Zu Fetakäse, Mozzarella, Halloumi, Quark. Sumach harmoniert auch gut mit Zwiebeln, Zucchini, Kürbis, Auberginen, Möhren, Süßkartoffeln und Avocados. Raffiniert auf Wassermelone.

VERTRÄGT SICH GUT MIT DIESEN GEWÜRZEN › Kreuzkümmel, Koriander, Piment, Zimt, Muskatnuss, Chili, schwarzer Pfeffer, Paprika, Räucherpaprika, Thymian.

WISSENSWERTES › Vorsicht, es gibt verschiedene andere Sumach-Arten, die sehr giftig sind! Dazu gehören solche mit dreiblättrigem Laub und solche mit weißen Früchten.
Im alten Rom wurde Sumach zum Gerben von Leder verwendet. Eine besondere Sumach-Art benutzten die Chinesen zum Lackieren von Schalen und Schatullen.

Zanthoxylum piperitum

SZECHUAN-PFEFFER

ANDERE NAMEN › Sichuan-Pfeffer, chinesischer Pfeffer, Anispfeffer, Zitronenpfeffer. Englisch: sichuan pepper, chinese pepper, anise pepper.

ANBAULÄNDER › Zentral-China und Himalaya.

AUSSEHEN › Die rosa-bräunlichen 4–5 mm großen Samenkapseln haben eine raue Oberfläche. Die innen liegenden Samen sind rund und schwarz-glänzend. Gute Qualitäten haben kaum Stiele und Dornen und möglichst wenig Samen.

AROMA & GESCHMACK › Vor allem frisch gemahlen duftet Szechuan-pfeffer blumig und warm-holzig mit deutlichen Zitrus- und Kampfernoten. Der Geschmack ist holzig-süßlich und ein wenig säuerlich. Das Schärfeerlebnis, das etwas später einsetzt, ist mit echtem Pfeffer nicht zu vergleichen. Es zeigt sich in einem Prickeln auf der Zunge, das lange anhält und ein leichtes Taubheitsgefühl hinterlässt, zusammen mit einem zitrusartigen Nachgeschmack.

WIRKUNG › Szechuanpfeffer wird in der traditionellen chinesischen Medizin eingesetzt. Er soll Feuchtigkeit und Kälte vertreiben und magenstärkend sowie wassertreibend sein.

ANGEBOTSFORMEN › Als ganze Samen oder fertig gemahlen.

IN DER KÜCHE › Noch vorhandene schwarze Samen sollten so weit wie möglich entfernt werden, da sie recht bitter schmecken. Zur Steigerung des Aromas lassen sich die Samenkapseln bei geringer Hitze trocken rösten. Nach dem Abkühlen werden sie gemahlen, wobei das Pulver eher grob ist und kleine Spelzen enthält. Für ein feineres Pulver muss man es durchsieben. Fertig gemahlener Szechuanpfeffer ist zwar fein, aber deutlich weniger intensiv. Beim Kochen verliert er rasch an Aroma, deshalb wird vor dem Servieren noch einmal nachgewürzt.

MINIREZEPT ZUM KENNENLERNEN: FAGARA-SALZ
125 g grobes Meersalz mit 50 g Szechuankapseln auf einem Backblech verteilen. Bei 180 °C (Umluft 160 °C) 6–8 Min. rösten, bis es duftet. Nach dem Abkühlen alles im Blitzhacker zerkleinern. Durchsieben, um grobe Teile zu entfernen. Ideal zum Würzen vieler asiatischer Gerichte, besonders für Ente, Huhn und Schwein und für Reisgerichte.

BESONDERS GUT ZU › Gerichten der chinesischen, koreanischen und japanischen Küche. Zu Wokgerichten und klassischem »Feuertopf«. Zu Schwein, Rind, Ente und Huhn, Marinaden und Dips. Zum Würzen von Füllungen für Wan-Tans und Dim-Sums. Zu Kürbis, Zucchini, Auberginen und Pilzen. Zu Garnelen, Lachs und weißem Fischfilet. Zu Ananas, Mango, Melone, Papaya.

VERTRÄGT SICH GUT MIT DIESEN GEWÜRZEN › Sternanis, Zimt, Ingwer, Galgant, Gewürznelke, Fenchel, Koriander, Kardamom, schwarzer und grüner Pfeffer, Lorbeer, Kaffirlimette.

WISSENSWERTES › In Ostchina und Japan wächst die Variante *Zanthoxylum sansho* (japanischer Pfeffer oder japanischer Bergpfeffer).
Szechuanpfeffer ist Bestandteil des traditionellen chinesischen 5-Gewürzes (Rezept S. 134).

Dipteryx odorata

TONKA

ANDERE NAMEN › Veraltet: mexikanische »Vanille«, Tonkabohne, Wunschbohne. Englisch: tonka bean.

AUSSEHEN › Die oval-länglichen »Bohnen« sind die Samen einer pfirsichähnlichen Frucht. Sie sind 3–4 cm lang, dunkelbraun bis schwarz und haben eine lederartige, längs gefurchte Oberfläche. Eine feine Kristallbildung an der Oberfläche ist ein Hinweis auf Kumarin (s. Wirkung).

ANBAULÄNDER › Tonka stammt aus dem nördlichen Südamerika und der südlichen Karibik. Die Hauptanbaugebiete sind Venezuela und Nigeria.

AROMA & GESCHMACK › Der Duft ist bitter-süß, üppig und schwer nach Vanille, Bittermandeln und frischem Heu. Der Geschmack ist zunächst bitter, dann bleibt ein süßlich-herber Nachgeschmack.

WIRKUNG › Aufgrund des hohen Kumaringehaltes (bis zu 10 Prozent) gilt die Tonkabohne gesundheitlich als bedenklich. Sie kann zu Kopfschmerzen und Übelkeit, in hoher Dosis auch zu Leberschäden führen, im Extremfall zur Atemlähmung. Eine gelegentliche Verwendung in geringer Menge (½ –1 Bohne für ein Dessert für 4 Personen) gilt als unbedenklich.

ANGEBOTSFORMEN › Als ganze Samen (»Bohnen«).

IN DER KÜCHE › Tonkabohnen lassen sich wie Muskatnüsse reiben. Alternativ hackt man die Bohnen in kleine Stücke und lässt sie ca. 30 Min. in heißer Sahne ziehen. Nach dem Abseihen wird nur die aromatisierte Sahne weiterverarbeitet, z. B. für feine Eiscremes.

> **MINIREZEPT ZUM KENNENLERNEN: WÜRZZUCKER MIT TONKA**
> 1 Tonkabohne grob hacken und mit 150 g feinem Zucker mischen. Nach ca. 1 Woche hat der Zucker das Aroma angenommen. Alternativ die Bohne fein reiben und mit dem Zucker mischen. Zum Süßen von Kaffee, Schlagsahne oder frischen Früchten.

BESONDERS GUT ZU › Desserts auf Basis von Sahne, Milch und Kokosmilch wie Eiscreme, Panna cotta, Crème brûlée oder Mousse au chocolat. Zu Früchten wie Pfirsichen, Nektarinen, Birnen und Pflaumen. Auch zu Wild und Ente, Languste und Edelfisch.

VERTRÄGT SICH GUT MIT DIESEN GEWÜRZEN › Bourbon-Vanille, Tahiti-Vanille, Kardamom, Zimt, Ingwer, Gewürznelken, Sternanis, Paradieskörner, Amchoor, Langpfeffer, Chili Ancho.

WISSENSWERTES › Tonkabohnen werden nach der Ernte für einige Stunden in Rum eingelegt. Beim anschließenden Trocknen fermentieren sie und entwickeln das typische Aroma. Kumarin ist u. a. auch in Waldmeister und Cassia-Zimt enthalten.
Tonka wird hauptsächlich in der Parfümindustrie und zum Räuchern verwendet. Früher wurde damit auch Pfeifentabak aromatisiert
Eine Tonkabohne als Amulett soll Wünsche erfüllen, und im Portemonnaie soll sie zu Wohlstand verhelfen.

Vanilla planifolia

VANILLE (BOURBON)

ANDERE NAMEN › Englisch: vanilla, vanilla bean.

ANBAULÄNDER › Vanille stammt aus Mexiko. Die Sorte »Planifolia« wird dort auch weiterhin angebaut, jedoch darf sich nur »Planifolia« aus den Anbaugebieten La Réunion, Madagaskar und den Komoren »Bourbon«-Vanille nennen, da hier das optimale Klima herrscht und die besten Qualitäten hervorbringt. Weitere Anbaugebiete sind in Guatemala, Indien, Indonesien, Sri Lanka und auf den Seychellen.

AUSSEHEN › Die 13–18 cm langen Schoten sind dunkel schwarz-braun und glänzend. Frische Vanille muss elastisch und biegsam sein. Der sogenannte »Raureif«, der sich manchmal auf der Oberfläche zeigt, ist auskristallisiertes Vanillin. Ob das ein Hinweis für besonders hohe Qualität oder lediglich für längere Lagerung ist, wird kontrovers betrachtet.

AROMA & GESCHMACK > Weicher, süßer Duft nach Trockenfrüchten und Blüten mit tiefen, warmen Tönen nach Edelholz, gutem Pfeifentabak und feinstem Leder. Der Geschmack entspricht dem Aroma: süßlich, üppig und vielschichtig mit feinen herben Tönen.

WIRKUNG > Vanille wirkt aphrodisierend, daneben auch pilztötend, nervenberuhigend und entzündungshemmend.

ANGEBOTSFORMEN > Als ganze Schoten, einzeln oder bis zu 5 Stück im Glasröhrchen verpackt, Vanille-»Cuts« (geschnittene Stücke) und als Pulver, das aus ganzen getrockneten Schoten gewonnen wird. Auch als Extrakt oder Paste (unter Zusatz von Zucker und Bindemitteln).

IN DER KÜCHE > Man schneidet die Schoten längs auf, kratzt das Mark heraus und gibt es an die Speisen. Die Schoten werden zusätzlich meist mitgekocht und vor dem Servieren entfernt. Man kann sie danach abspülen, trocknen und erneut verwenden. Bourbon-Vanille entwickelt ihre Aromen vollständig unter Hitze, weshalb sie sich besonders gut für langsam gegarte Gerichte eignet.

MINIREZEPT ZUM KENNENLERNEN: VANILLEZUCKER
3 Bourbon-Vanilleschoten längs aufschlitzen. 500 g weißen Zucker mit den Schoten in ein hohes Schraubglas geben. Ab und zu umrühren. Nach 1 Woche hat der Zucker das Vanille-Aroma angenommen. Man kann immer wieder etwas Zucker nachfüllen. Das Aroma der Vanille hält sehr lange.

BESONDERS GUT ZU > allen Süßspeisen mit Sahne, Milch, Kokosmilch und Schokolade. Zu Früchten. Zu pikanten Gerichten mit Fisch, Krustentieren, Hühnchen, Ente und Wild. Sehr gut mit Tomaten, Pilzen, Schalotten und in Risotto.

VERTRÄGT SICH GUT MIT DIESEN GEWÜRZEN > Kardamom, schwarzer Pfeffer, Safran, Zimt, Langpfeffer, Orangenschale, Paradieskörner, Bergpfeffer, Ingwer, Chili Ancho, Chili Pasilla.

WISSENSWERTES > **Vanillin** ist die wichtigste Aroma-Komponente und wird wegen des weltweit hohen Bedarfs schon seit 1874 synthetisch hergestellt. Allerdings wirkt Vanillin neben der echten Vanille flach und eindimensional, weil die ca. 170 anderen Komponenten fehlen. Synthetisches Vanillin wird wegen des Duftes, aber auch wegen seiner appetitanregenden Wirkung vielen Industrieprodukten beigefügt und gilt mittlerweile als gesundheitlich nicht unbedenklich.

Vanilla tahitiensis

VANILLE (TAHITI)

ANDERE NAMEN › Englisch: vanilla.

ANBAULÄNDER › Nur *Vanilla tahitiensis* von der Insel Tahiti darf sich echte Tahiti-Vanille nennen. Die Sorte »Tahitiensis« wird jedoch u. a. auch auf anderen südpazifischen Inseln und auf Papua Neuguinea angebaut.

AUSSEHEN › Die Tahiti-Vanilleschote ist im Vergleich zur Bourbon-Vanilleschote (s. S. 116) heller in der Farbe, etwas kürzer und flacher, dabei viel dicker, weicher und saftiger, was daran liegt, dass die Schoten nach der Ernte etwas anders bearbeitet werden.

AROMA & GESCHMACK › Der Duft ist weniger vanillig als Bourbon-Vanille, dafür deutlich süßer und blumiger. Dies ist auf den Inhaltsstoff Heliotropin zurückzuführen (Heliotrop bedeutet »Vanilleblume«). Dazu kommen Töne nach exotischen Früchten und ein Hauch Anis. Der Geschmack ist ähnlich mild und süßlich.

ANGEBOTSFORMEN › Meistens als ganze Schoten. Auch als Pulver, Extrakt oder in Honig eingelegt.

IN DER KÜCHE › Tahiti-Vanille wird aufgrund ihres blumigen Aromas überwiegend im Dessertbereich verwendet und nicht so häufig wie Bourbon-Vanille für pikante Gerichte. Tahiti-Vanille ist auch nicht so hitzestabil, weshalb man sie nicht lange mitkochen sollte. Trotzdem wird sie zunehmend auch für feine pikante Gerichte eingesetzt.

MINIREZEPT ZUM KENNENLERNEN: PARFAIT MIT TAHITI-VANILLE
2 Eigelbe mit 80 g Zucker mischen und über dem heißen Wasserbad cremig-hell aufschlagen. Anschließend kalt rühren. Das Mark von 1 Tahiti-Vanilleschote und 1 EL Orangenlikör untermischen. 200 g Sahne steif schlagen und unterheben. In eine mit Frischhaltefolie ausgelegte Form füllen, im Tiefkühler gefrieren lassen. Zum Servieren das Parfait in Scheiben schneiden und mit frischen Früchten der Saison oder Fruchtpürees anrichten.

BESONDERS GUT ZU › exotischen Früchten, Beerenfrüchten, Pflaumen. Zu Desserts wie Parfait, Panna cotta, Crème brûlée oder Eis auf Basis von Kokosmilch, Sahne, Milch und Schokolade. In pikanten Gerichten zu süßlichen oder milden Zutaten wie Süßkartoffeln, Möhren, Hähnchenbrust oder Fischfilet.

VERTRÄGT SICH GUT MIT DIESEN GEWÜRZEN › Kardamom, Zimt, Anis, Tonka, Chili Ancho, Chili Pasilla, Lemon Myrtle, Limette, Zitronengras, Sternanis.

WISSENSWERTES › Von ca. 100 Vanillesorten eignen sich nur drei als Gewürzvanille: *Vanilla planifolia, Vanilla tahitiensis* und die westindische bzw. karibische *Vanilla pompona,* auch Guadelupe-Vanille genannt, die fester und trockener als die anderen beiden Sorten ist. Sie hat ein blumiges Aroma.

Juniperus communis

WACHOLDER

ANDERE NAMEN › Veraltet: Machandel, Kranewitt. Englisch: juniper.

ANBAULÄNDER › Fast überall auf der nördlichen Erdkugel: Mittel-
europa, Osteuropa, gemäßigte Zonen Asiens, Kanada.

AUSSEHEN › Die 5–10 mm großen kugeligen Beeren des Wacholder-
strauchs haben eine etwas ledrige, oft leicht eingedellte
Haut. Die Farbe variiert von blau-schwarz bis braun-
violett. Gute Qualitäten erkennt man an einer intakten
Außenhaut und einem bläulich-weißen Schimmer.

AROMA & GESCHMACK › Wacholder riecht bitter-süß, kampferartig
und nach Tannennadeln. Der Geschmack ist ähnlich:
süßlich, fruchtig und harzig mit einer leichten pfeffrigen
Schärfe und einem sehr herben, gerbsäureähnlichen
Nachgeschmack.

WIRKUNG › Wacholder ist vielfältig wirksam: Mit seinen Scharf- und Bitterstoffen hilft er, schwere Speisen besser zu verdauen. Er regt den Appetit an. Ein Tee aus frisch zerstoßenen Wacholderbeeren wirkt entwässernd und schweißtreibend. Ein Fußbad mit einem Aufguss der Zweige wärmt und fördert die Durchblutung. Und ein Alkohol-Auszug (100 g gemörserte Beeren 2 Wochen lang in ½ l 70-prozentigem Alkohol ziehen lassen) soll eingerieben bei schmerzenden Gelenken und Ischias helfen.

ANGEBOTSFORMEN › Als ganze Beeren, auch gequetscht, geschrotet oder gemahlen.

IN DER KÜCHE › Da sich das Aroma nur langsam entwickelt, werden die ganzen Beeren zu Beginn des Garens zugegeben. Bei Gerichten mit kürzeren Garzeiten oder bei der Verwendung in ungekochten Speisen werden die Beeren zuvor zerkleinert. Da sie relativ weich sind, kann man sie gut mit einem schweren Messer hacken oder im Mörser zerstoßen. Fertig gemahlener Wacholder ist mit frisch zerstoßenem nicht zu vergleichen.

MINIREZEPT ZUM KENNENLERNEN: APFEL-PFLAUMENSAUCE MIT WACHOLDER
200 g Zwiebeln in 2 EL Öl glasig dünsten. 1 geschälten Apfel in Stückchen, 100 g gehackte Trockenpflaumen und 1–2 TL fein gehackten Wacholder darin anbraten. Mit 100 ml Apfelsaft und 100 ml Brühe ablöschen. Weich kochen, pürieren und reduzieren. Mit Salz, Pfeffer und 1 EL Gin abschmecken. Zu Hirschsteaks oder Schweinekoteletts.

BESONDERS GUT ZU › traditionellen Gerichten mit Lamm, Wild und Schwein. Zum Würzen von Fischfond, zum Einlegen von Gurken und für Sauerkraut. Zu Marinaden mit Rotwein. Zu Äpfeln, Birnen, Aprikosen.

VERTRÄGT SICH GUT MIT DIESEN GEWÜRZEN › Kümmel, Lorbeer, schwarzer und weißer Pfeffer, Zimt, Muskatnuss, Koriander, Piment, Knoblauch, Bohnenkraut, Majoran.

WISSENSWERTES › Für die Germanen war Wacholder eine Zauberpflanze. Mit dem Rauch des Holzes wollte man böse Geister vertreiben.
In Gin und Genever ist Wacholder für den typischen Geschmack verantwortlich.
Vorsicht: Viele Gartengehölze der Juniperus-Familie tragen giftige Beeren. Nur der »gewöhnliche« Wacholder (*juniperus communis*) eignet sich als Gewürz.

Acacia victoriae

WATTLESEED

ANDERE NAMEN › Deutsch: geröstete Akaziensamen.

ANBAULÄNDER › Australien.

AUSSEHEN › Die gerösteten Samen einer australischen Akazienart sind glänzend dunkelbraun. Das gemahlene Pulver ist rötlich-dunkelbraun und nicht ganz fein in der Struktur, vergleichbar mit gemahlenen Kaffeebohnen.

AROMA & GESCHMACK › Der Geruch ist würzig und warm, stark an geröstete Nüsse, Kaffeebohnen und Kakaobohnen erinnernd. Der Geschmack entspricht dem Geruch: kräftig nussig, herb und gleichzeitig süßlich.

ANGEBOTSFORMEN › Meistens fertig gemahlen, bei uns selten als ganze Samen und nur im Internethandel (s. S. 159).

IN DER KÜCHE › Wenn man Brot mit Wattleseed backen möchte, werden 3–5 Prozent des Mehls durch Wattleseed ersetzt. Bei Gebäck beträgt der Anteil eher 5–10 Prozent. Für Schmorgerichte wird die gewünschte Menge Wattleseed mit der etwa doppelten Menge heißen Wassers übergossen. Sobald die Flüssigkeit aufgenommen und das Wattleseed gequollen ist, wird es an das Gericht gegeben. In dieser Form kann man es auch Müsli, Milchreis u. ä. beimischen. Für feine Desserts wird die benötigte Menge Wattleseed mit der etwa vierfachen Menge Wasser übergossen und nach 10 Min. Quellzeit ausgedrückt. Nur die aromatisierte Flüssigkeit wird dann weiterverarbeitet; die festen Bestandteile in ein Nussgebäck oder Müsli geben.

MINIREZEPT ZUM KENNENLERNEN: »WATTLE-CINO«
Mit 1 EL Wattleseed einen doppelten »Espresso« zubereiten, d. h. das Espressopulver durch Wattleseed ersetzen. 100 ml Milch knapp zum Kochen bringen, dann mit dem Aufschäumer oder Stabmixer aufschäumen. Milchschaum über die Wattleseed-Flüssigkeit löffeln und mit etwas Kakaopulver bestäuben.

BESONDERS GUT ZU › typisch australischen Gerichten, besonders zum »Bushfood« oder »Bushtucker-Food«.
Wattleseed harmoniert mit Wild, Rind, Ente, Lamm, Kaninchen und Schwein und passt sehr gut in Rotweinsaucen. Zu Süßkartoffeln, Schwarzwurzeln, Möhren, Kürbis, Steinpilzen. Zu Risotto, Brot, Kuchen und Gebäck. Als Extrakt in Mousse au chocolat, Crème Caramel, Kaffee und Caffè Latte.

VERTRÄGT SICH GUT MIT DIESEN GEWÜRZEN › Koriander, Zimt, Zimtblüten, Buschtomaten, Piment, Sumach, Bergpfeffer, Lemon Myrtle, Wacholder, Muskatnuss, Macis, schwarzer Pfeffer, Paradieskörner, Langpfeffer, Vanille, Ingwer, Tonka.

WISSENSWERTES › Wattleseed wurde von den Ureinwohnern Australiens, den Aborigines, im unreifen, noch grünen Zustand gekocht oder im reifen Zustand dem »Damper«, einem Brot, beigemischt. Zudem waren die Samen bei ihren langen Wanderungen aufgrund des hohen Fett- und Proteinanteils eine wertvolle Wegzehrung. Das Verwenden der gerösteten Samen als Gewürz wurde erst später beliebt.

Cinnamomum cassia

ZIMT (CASSIA)

ANDERE NAMEN › Chinesischer Zimt, Kassie. Englisch: cinnamon.

ANBAULÄNDER › China, Indonesien, Indien, Madagaskar.

AUSSEHEN › Die Cassia-Zimtstange ist eine rotbraune, einzelne, dick geschnittene Rindenschicht, die meist einseitig, manchmal von beiden Seiten aufgerollt und schwer zu brechen ist. Bei der Zimtborke handelt es sich um korkähnliche Stücke der äußeren Schichten des Cassia-Zimtbaumes. Sie sind außen dunkelbraun bis grünlich-schwarz und grob, innen braun oder rötlich-braun und glatter. Das rötlich-braune Cassia-Zimtpulver ist fein-gemahlen.

AROMA & GESCHMACK › Cassia-Zimt riecht »feuriger« als Ceylon-Zimt (s. S. 126), dabei süßlich-bitter nach Bittermandeln. Der Geschmack ist ebenso kräftig: süßlich, pfeffrig und leicht adstringierend.

WIRKUNG › Cassia wirkt wie Ceylon-Zimt magenstärkend, verdauungsfördernd und appetitdämpfend. Cassia hat aber einen bis zu 400-mal höheren Kumaringehalt als Ceylon-Zimt. Da Kumarin gesundheitlich als kritisch gilt, sollte man bei größerem Zimtkonsum lieber Ceylon-Zimt verwenden.

ANGEBOTSFORMEN › Als Zimtborke, Zimtstangen, grob und fein geschnittene oder granulierte Zimtrinden und als Pulver.

IN DER KÜCHE › Zimtborke liefert intensivsten Geschmack, sollte jedoch besser nicht verwendet werden, weil den äußeren Rindenschichten noch Verunreinigungen anhaften können. Generell eignet sich Cassia-Zimt gut für kräftige Gerichte. Die Stangen können im Ganzen mitgekocht werden, lassen sich auf einer scharfen Reibe auch sehr gut zerkleinern. Beim Braten von Fleisch gibt es ein interessantes Aroma, wenn man 1 Zimtstange mit in die Pfanne gibt.

MINIREZEPT ZUM KENNENLERNEN: TOMATENSAUCE MIT ZIMT
1 Zwiebel und 1–2 Knoblauchzehen würfeln, in 2 EL Olivenöl glasig dünsten. 2 EL Tomatenmark und 1 TL Zimtpulver darin anrösten, bis es duftet, mit 100 ml Rotwein oder Portwein und 1 Dose Pizzatomaten (400 g) ablöschen, 1 Lorbeerblatt dazugeben. Alles aufkochen und ca. 15 Min. ohne Deckel köcheln. Mit etwas Zucker, Salz, Pfeffer und mehr Zimt würzen. Mit gehackter Petersilie bestreuen.

BESONDERS GUT ZU › Lebkuchen und traditionellen Süßspeisen wie Zwetschgenmus und Kompott. Sehr gut passt Cassia zu pikanten Gerichten wie Rotkohl, Fleischsaucen und Ragouts mit Tomaten und Auberginen.

VERTRÄGT SICH GUT MIT DIESEN GEWÜRZEN › Kardamom, Vanille, Ingwer, Piment, Gewürznelke, Macis, Muskatnuss, Sternanis, Szechuanpfeffer, Fenchel, Koriander, Kreuzkümmel, schwarzer Pfeffer, Chili.

WISSENSWERTES › Im Vergleich zu Sri Lanka (Ceylon) haben China und Indonesien riesige Anbaugebiete, weshalb Cassia deutlich günstiger als Ceylon-Zimt verkauft werden kann. Das ist der Grund, weshalb für Industrieprodukte fast ausschließlich Cassia-Zimt verwendet wird. Manchmal gibt es **Cassia-Zimtblüten**, seltener von Ceylon-Zimt. Die unreifen getrockneten ca. 1,5 cm großen dunkelbraunen Früchte erinnern an Gewürznelken, entwickeln beim Mahlen ein spannendes Röstaroma. Ihr Geschmack ist süßlich-scharf und warm-zimtig. Zimtblüten im Ganzen mitkochen oder zuvor in der Mühle oder im Blitzhacker zerkleinern.

Cinnamomum verum

ZIMT (CEYLON)

ANDERE NAMEN › Echter Zimt, Caneel, Canehl. Englisch: cinnamon.

ANBAULÄNDER › Sri Lanka (ehem. Ceylon).

AUSSEHEN › Ceylon-Zimt-Stangen sind blässlich hellbraun und enthalten bis zu 10 Lagen feinster, dünn geschnittener Bastschichten, die sich meistens von beiden Seiten nach innen aufrollen. Je dünner die Stangen, desto feiner die Qualität. Ähnlich einer Zigarre lassen sich Stangen leicht auseinanderbrechen. Das feine Pulver ist blass-hellbraun.

AROMA & GESCHMACK › Ceylon-Zimt-Stangen duften dezent. Erst beim Auseinanderbrechen entsteht der typisch süße, feinpudrige, fein-holzige Duft. Fertig gemahlenes Pulver riecht weniger intensiv als frisch geriebenes. Ceylon-Zimt schmeckt angenehm süßlich und zart-herb mit einem Hauch Gewürznelke und Piment.

WIRKUNG › Vor allem Ceylon-Zimt senkt nachweislich den Blutzucker-spiegel und ist für Diabetiker eine gesunde Ergänzung zur traditionellen Medizin. Dazu wirkt Ceylon-Zimt magenstärkend, verdauungsfördernd und appetitdämpfend und enthält wesentlich weniger schädliches Kumarin als Cassia-Zimt (s. S. 124).

ANGEBOTSFORMEN › Als Zimtstangen und Zimtpulver, seltener als Zimtborke oder -blüte.

IN DER KÜCHE › Ceylon-Zimtstangen können sehr gut im Ganzen mitgekocht oder beim Braten in die Pfanne gegeben wer-den. Sie lassen sich jedoch nicht so gut reiben wie Cassia-Stangen, es kann zu kleinen Absplitterungen der feineren Schichten kommen. Beim Backen und für feine Desserts ist Ceylon-Zimtpulver wegen seines anmutigen Aromas erste Wahl.

BESONDERS GUT ZU › feinen Süßspeisen, Gebäck, Apfelkuchen und Eiscreme. Auch zu pikanten Gerichten in Verbindung mit Trockenfrüchten, z. B. in der arabischen Küche.

VERTRÄGT SICH GUT MIT DIESEN GEWÜRZEN › Kardamom, Vanille, Ingwer, Piment, Gewürznelke, Macis, Muskatnuss, Stern-anis, Szechuanpfeffer, Fenchel, Koriander, Kreuzkümmel, schwarzer Pfeffer, Chili.

WISSENSWERTES › In Indien werden die **Blätter des Zimtbaumes** wie Lorbeerblätter in lange gegarten Gerichten mitgekocht. Sie sind bei uns nur schwer erhältlich, können auch nicht durch Lorbeerblätter ersetzt werden, weil sie geschmack-lich ganz anders sind und eher Gewürznelken ähneln. In China wurde Zimt bereits vor etwa 4.500 Jahren ver-wendet. Bei den alten Malaien hieß Zimt »süßes Holz«. Die Ägypter benutzten es als Gewürz und Heilmittel und verwendeten es bei der Einbalsamierung der Mumien. Der römische Kaiser Nero ließ anlässlich der Bestattung seiner Gattin Poppaea eine komplette Jahreslieferung an Zimtstangen verbrennen.

Cymbopogon citratus

ZITRONENGRAS

ANDERE NAMEN › Englisch: lemon grass.

ANBAULÄNDER › Thailand, Vietnam, Indonesien, Malaysia, Laos.

AUSSEHEN › Die grünen bis grün-gräulichen schilfähnlichen Stängel sind am unteren Ende heller blass-grün bis gelbgrün und kolbenförmig verdickt.

AROMA & GESCHMACK › Zitronengras duftet frisch, zitronenartig, dazu etwas pfeffrig und blumig, jedoch weniger intensiv als Lemon Myrtle oder frisch geriebene Zitronenschale. Der Geschmack ist ähnlich zitronenartig, jedoch nicht so frisch wie der Geruch. Zitronengras wird mehr wegen seines Aromas als seines Geschmacks verwendet.

WIRKUNG › Zitronengras enthält viel Folsäure, Mangan und Kalium. Es wirkt dazu antibakteriell, anregend und hilft bei Pilzinfektionen. In Südostasien wird es »Fieberkraut« genannt.

ANGEBOTSFORMEN › Ganze Stängel frisch oder tiefgefroren. Getrocknet in Stücken oder gemahlen. Man bekommt alle Formen in Asienläden.

IN DER KÜCHE › Vor allem die kolbenförmigen Enden der Zitronengras-Stängel, die sogenannten »Bulben«, werden verwendet. Die trockenen Außenblätter werden entfernt, die inneren Teile z. B. mit einem Fleischklopfer bearbeitet. Die so aufgefaserten Bulben können ihre ätherischen Öle besser abgeben und werden im Ganzen mitgekocht, aber nicht gegessen. Man kann die Bulben auch in Scheiben schneiden und mitkochen. Für Thai-Currypasten (Rezepte S. 141) und die indonesischen Würzpasten »Bumbus« (Boemboe) wird das Innere der Bulben ganz fein gehackt und mit Ingwer, Chili, Knoblauch und anderen Zutaten im Mörser zu einer Paste verarbeitet.

Frisches Zitronengras wird dazu in den Ursprungsländern zu erfrischenden Tees und Limonaden verarbeitet, bei uns ist eher das getrocknete Zitronengras Bestandteil von Kräuterteemischungen. Zitronengras wird auch zum Aufspießen von Grillgut benutzt, so überträgt sich das Aroma auf Fleisch oder Fisch, Gemüse oder Tofu.

In Zeitungspapier eingewickelt hält sich frisches Zitronengras im Gemüsefach des Kühlschranks mehrere Wochen.

MINIREZEPT ZUM KENNENLERNEN: ZITRONENGRAS-SUPPE
2 Schalotten und 2 Knoblauchzehen würfeln, in etwas Öl glasig schwitzen, mit 400 ml Kokosmilch und 400 ml Hühnerbrühe ablöschen. 3–4 zerklopfte Zitronengras-Bulben und 2 entkernte, gehackte rote Chilischoten 30 Min. darin köcheln. Zitronengras entfernen, kleine Streifen von 300 g Hähnchenbrustfilet in 4–7 Min. in der Suppe garziehen lassen. Salzen und mit Koriandergrün bestreuen.

BESONDERS GUT ZU › Thai-Suppen wie Tom Kha Gai und Tom Kha Yum. Zu allen asiatischen Suppen und Gerichten mit Geflügel, Fisch, Meeresfrüchten und Gemüse in bzw. mit Kokosmilch. Zum Aromatisieren von Reis.

VERTRÄGT SICH GUT MIT DIESEN GEWÜRZEN › Ingwer, Galgant, Knoblauch, Kurkuma, Chili, Koriander, Koriandergrün, Kreuzkümmel, Muskatnuss, Gewürznelke, Limettenblatt, Lorbeer, Szechuanpfeffer, Zimt.

WISSENSWERTES › Aus den ätherischen Ölen des Zitronengrases, Citral und Myrcen, wird ein beliebtes Mittel gegen Stechmücken hergestellt.

Jetzt neu! Besuchen Sie unseren Online-Shop

Bestellen Sie unsere Produkte ab jetzt bequem von zu Hause aus!

10% Willkommensgutschein

(Geben Sie während der Bestellung den Gutschein-Code "welcome" ein.)

Kein Mindestbestellwert

Versandkostenfrei ab 30 € (DE)

Versand mit DHL

www.kräuter-pflug.de

GEWÜRZE UND PASTEN

SELBER MISCHEN

CURRYS UND MASALAS

In Indien heißen die Gerichte »Curry« und die Mischungen
»Masala«. Die folgenden Rezepte sind also eigentlich Masalas,
aber wir dürfen sie getrost Curry nennen.

›BASIS-CURRY

2 EL Koriandersamen
1 EL Kreuzkümmelsamen
1 TL schwarze Pfefferkörner
1 TL Bockshornkleesamen
1 TL Kardamomsamen
2 TL Kurkumapulver
1 TL Cayenne
Koriander, Kreuzkümmel, Pfeffer, Bockshornklee und Kardamom trocken rösten, abkühlen und mahlen. Mit Kurkuma und
Cayenne mischen. Ergibt 5 EL = 75 ml.

›SCHARFES CURRY

2 EL Basis-Curry
1 EL Paprikapulver Delikatess
2 TL Cayenne
je 1 TL Ingwerpulver, Chiliflakes, Zimtpulver
½ TL gemahlene Gewürznelken
½ TL frisch geriebene Muskatnuss
Alle Zutaten mischen. Ergibt 5 EL = 75 ml.

›FRISCH-AROMATISCHES CURRY

1 TL Kardamomsamen
1 TL grüne Pfefferkörner
½ TL braune Senfkörner
2 getrocknete Kaffirlimettenblätter
2 EL Basis-Curry
2 TL Ingwerpulver
1 TL Galgantpulver
1 TL gemahlener Anis
1 TL gemahlener Amchoor
½ TL gemahlener Asant

Kardamom, Pfefferkörner und Senfkörner mischen und fein mahlen. Kaffirlimettenblätter im Blitzhacker fein zerkleinern. Mit Basis-Curry und gemahlenen Gewürzen mischen. Ergibt 5 EL = 75 ml.

›GARAM MASALA

»Garam Masala« heißt soviel wie »warme« oder »heiße Mischung« und wird traditionell erst zum Ende des Kochens an das Essen gegeben:

1 EL Koriandersamen
1 EL Kreuzkümmel
2 TL schwarze Pfefferkörner
2 TL Kardamomsamen
1 TL Samen aus schwarzem Kardamom
2 TL Ceylon-Zimtpulver
1 TL frisch geriebene Muskatnuss
1 Lorbeerblatt

Koriander, Kreuzkümmel, Pfeffer und beide Sorten Kardamom in der Pfanne trocken rösten, bis sie duften und ein wenig dunkler werden. Abkühlen lassen, mahlen und mit Zimt und Muskat mischen. Das Lorbeerblatt sehr fein zerkleinern und untermischen. Ergibt 5 EL = 75 ml.

BELIEBTE MISCHUNGEN AUS ASIEN UND AMERIKA

›PANCH PHORON

Diese berühmte bengalische Mischung besteht aus nur 5 nicht zerkleinerten Gewürzen und zwar in gleichen Mengen:
Je 1 EL Bockshornkleesamen, braune Senfsamen, Fenchelsamen, Kreuzkümmel und Schwarzkümmel mischen. Ergibt 5 EL. Für eine »Tadka« (s. auch S. 19) werden 2–3 EL Ghee oder Öl erhitzt. 1 EL Panch Phoron darin bei mittlerer Hitze unter Rühren anrösten, bis die Gewürze etwas dunkler werden und intensiv duften. Direkt über ein Gericht geben, z. B. über gedämpften Brokkoli oder ein Dal aus Linsen.

›GOMASIO

Diese einfache Mischung kommt aus Japan. Man streut sie über gegartes Gemüse (z. B. Blumenkohl oder Pak Choi) oder Reis:
1 EL grobes Meersalz in einer Pfanne erhitzen. 4 EL geschälter Sesam dazugeben, unter Rühren rösten, bis die Mischung duftet. Abkühlen. Im Blitzhacker zerkleinern oder im Mörser zerstampfen. Ergibt 5 EL = 75 ml.

›CHINESISCHES 5–GEWÜRZ

Ein Klassiker der chinesischen Küche. Intensiv-aromatisch:
Je 1 EL gemahlenen Szechuanpfeffer, gemahlene Fenchelsamen, gemahlenen Sternanis, gemahlene Gewürznelken und Cassia-Zimtpulver mischen.
Oder: Sternanis und Zimt in kleine Stückchen brechen, mit ganzen Gewürznelken, Fenchelsamen und Szechuanpfefferkapseln mischen und fein mahlen. Ergibt 5 EL = 75 ml.

›CHINESISCHES SALZ

Je nach Geschmack mehr oder weniger Salz mit chinesischem 5–Gewürz (s. Rezept oben) mischen, z. B. 3 Teile Salz und 2 Teile 5–Gewürz.

›CAJUN-GEWÜRZ

Das typische Südstaaten-Gewürz für Fleisch vom Grill, auch für Dips, Marinaden oder pikant karamellisierte Nüsse:

1 EL Paprikapulver Delikatess
2 TL gemahlener Kreuzkümmel
1 ½ TL Knoblauchgranulat
je 1 TL Zwiebelgranulat, Ingwerpulver und gemahlener schwarzer Pfeffer
¾ TL gemahlener weißer Pfeffer
je 1 TL Cayenne und Chiliflakes
je 1 TL getrockneter Thymian und Oregano
¾ TL Salz
Alle Zutaten mischen. Ergibt 5 EL = 75 ml.

›MOLE-GEWÜRZ

Wird traditionell für die mexikanische Mole-Sauce zu Hühnchen verwendet. Sehr gut auch für Chili con Carne:

1 EL dunkles Kakaopulver
je 2 TL gemahlener Kreuzkümmel, gemahlener schwarzer Pfeffer und gemahlene Pimentkörner
je 1 TL Chili Ancho und Chili Pasilla
je 1 TL Zimtpulver, Cayenne, Chiliflakes und Knoblauchgranulat
Alle Zutaten mischen. Ergibt 5 EL = 75 ml.

›JERK

Die karibische Mischung enthält Zucker und Salz, weil sie zum trockenen Marinieren (»Rub«) verwendet wird. So lösen sich die Fleischsäfte und transportieren die Gewürze in das Innere des Grillgutes. Alternativ Jerk mit Öl und Rum mischen und das Fleisch damit einstreichen:

1 EL Zwiebelgranulat
je 2 TL gemahlene Pimentkörner und getrockneter Thymian
je 1 TL brauner Zucker, Salz, Knoblauchgranulat, gemahlene Koriandersamen, Chiliflakes, Cayenne und frisch geriebene Muskatnuss
je ½ TL Zimtpulver und gemahlene Gewürznelken
Alle Zutaten mischen. Ergibt 5 EL = 75 ml.

ORIENTALISCHE MISCHUNGEN

Sie verzaubern uns durch Opulenz und vielschichtigen Duft.

›BAHARAT

Für Eintopfgerichte mit Fleisch, Tomaten und Auberginen:

1 TL schwarze Pfefferkörner
1 TL Koriandersamen
1 TL Kreuzkümmelsamen
1 TL Pimentkörner
1 TL Kardamomsamen
1 TL Cayenne
½ TL frisch geriebener Muskatnuss
½ TL gemahlene Gewürznelken
2 TL Zimtpulver
2 EL Paprikapulver Delikatess
Die ganzen Gewürze mischen, nach Belieben trocken rösten und fein mahlen. Mit den übrigen Gewürzen mischen.
Ergibt 5 EL = 75 ml.

›RAS EL HANOUT

»Das Beste«, was ein Gewürzhändler in Marokko zu bieten hat. Für Couscousgerichte und Tajines mit Lamm, Huhn, Trockenfrüchten und Nüssen:

je 2 TL Koriander-, Kardamom- und Kreuzkümmelsamen
je 1 TL Pimentkörner, Kubebenpfeffer, Paradieskörner und schwarze Pfefferkörner
4 Gewürznelken
2 TL Zimtpulver
1 TL frisch geriebene Muskatnuss
1 TL fein geschnittene getrocknete Rosenblütenblätter (Teeladen)
Die ganzen Gewürze mischen, trocken rösten, abkühlen und mahlen. Mit Zimt, Muskat und Rosenblütenblättern mischen.
Ergibt 5 EL = 75 ml.

›FALAFELGEWÜRZ

Die typische Mischung für Falafel, hier in g angegeben, da sehr unterschiedliche Mengen verwendet werden.

30 g Kreuzkümmelsamen
20 g Koriandersamen
10 g Pimentkörner
10 g schwarze Pfefferkörner
3 g Gewürznelken
12 g Zimtpulver
8 g Ingwerpulver
3 g frisch geriebener Muskatnuss
4 g Cayenne

Kreuzkümmel, Koriander, Piment, Pfeffer und Gewürznelken nach Belieben trocken rösten und abkühlen. Danach fein mahlen. Mit den übrigen Gewürzen mischen.
Ergibt 100 g.

›PERSISCHES ADVIEH

Eine traditionelle duftig-herbe Mischung für Reis und Fleisch:

je 4 TL gemahlener Kardamom und Zimtpulver
je 2 TL gemahlener Kreuzkümmel und schwarzer Pfeffer
3 TL getrocknete Rosenblütenblätter (Teeladen)

Die gemahlenen Gewürze mischen. Die Rosenblütenblätter im Blitzhacker grob zerkleinern und unter die Gewürze mischen.
Ergibt 5 EL = 75 ml.

EUROPÄISCHE MISCHUNGEN

›QUATRE EPICE
Für die traditionelle französische Gewürzmischung, die für Fleisch, Pasteten und Brot verwendet wird, je 1 Teil Zimtpulver, Ingwerpulver, frisch gemahlenen weißen Pfeffer und frisch geriebene Muskatnuss mischen.

›LEBKUCHENGEWÜRZ
1 EL Kardamomsamen und 1 EL Pimentkörner mischen und fein mahlen. Mit 1 ½ EL Zimtpulver, ½ EL frisch geriebener Muskatnuss, 2 TL Ingwerpulver und 1 TL gemahlenen Gewürznelken mischen.
Ergibt 5 EL = 75 ml.

›KÜRBIS-GEWÜRZ
1 ½ EL Ingwerpulver, 1 EL Zimtpulver, 1 EL Macis, ½ EL gemahlene Pimentkörner, 2 TL Cayenne und 1 TL gemahlene Gewürznelken mischen.
Ergibt 5 EL = 75 ml.

›GLÜHWEIN-GEWÜRZ
Je 1 EL getrocknete Orangen- und Zitronenschalenstücke, 1 EL Zimtstange in Stückchen, 1 EL getrocknete Ingwerstückchen mit ½ EL Kardamomsamen und ½ EL Gewürznelken mischen.
Ergibt 5 EL = 75 ml.

›ENGLISCHES EINMACHGEWÜRZ FÜR PICKLES
1 EL Pimentkörner und je 2 TL getrocknete Ingwerstücke, schwarze Pfefferkörner, Koriandersamen, Macis-Streifenstücke, gelbe Senfkörner und Gewürznelken mischen.
Ergibt 5 EL = 75 ml.

SALZMISCHUNGEN

Die groben Mischungen sind für die Mühle. Wichtig ist, dass ein trockenes Steinsalz verwendet wird! Feuchtes Meersalz ist nicht geeignet, da es die Mühle verstopfen kann. Sie können die Mischungen im Blitzhacker auch fein zerkleinern und als Streusalz verwenden. Alle Rezepte ergeben ca. 100 g.

›KRÄUTERSALZ

Eine klassische Mischung zu Gemüse, Kartoffeln und Dips:

70 g grobes Steinsalz mit 8 g Knoblauchflakes, 7 g weißen Pfefferkörnern, 5 g getrockneter Zitronenschale, 3 g getrockneten Rosmarinnadeln, 3 g getrocknetem Thymian und 2 g getrocknetem Salbei mischen. 2 Lorbeerblätter in Stückchen brechen und untermischen.

›CHILI-LORBEER-SALZ

Sehr gut zu Fisch und Geflügel:

85 g grobes Steinsalz und 12 g Chiliflakes mischen. 3 Lorbeerblätter in Stückchen brechen und untermischen.

›HIBISKUSSALZ

Ein säuerliches Salz, das gut zu Fisch und Hähnchen passt:

15 g getrocknete Hibiskusblüten im Blitzhacker auf Salzkorngröße zerkleinern. Mit 85 g grobem Steinsalz mischen.

›BLÜTENSALZ

Fein duftig, zart gefärbt:

95 g grobes Steinsalz mit 1 g Hibiskuspulver vermischen, bis es sich rosa färbt. Mit 4 g getrockneten Blüten mischen, z. B. von ungespritzten Ringelblumen, Kornblumen oder Rosenblüten.

PFEFFERMISCHUNGEN

›BUNTER PFEFFER-MIX
Die klassische Mischung:

Je 1 Teil schwarze, grüne und weiße Pfefferkörner sowie rosa Pfefferbeeren mischen und in eine Pfeffermühle füllen.

›WARM-WÜRZIGER PFEFFER-MIX
Mit orientalischer Note. Passt zu Rind und Lamm:

35 g schwarze Pfefferkörner, 15 g kleine Pimentkörner, 15 g Koriandersamen, 20 g Schwarzkümmel, 10 g Zimtblüten und 5 g Gewürznelken mischen und in eine Pfeffermühle füllen. Ergibt 100 g.

›EXOTISCHER PFEFFER-MIX
Hocharomatisch und vielschichtig. Für Filet und Carpaccio:

35 g schwarze Pfefferkörner, 25 g Langpfeffer, 15 g Kubebenpfeffer, 15 g Paradieskörner und 10 g Bergpfefferbeeren mischen und in die Pfeffermühle füllen. Ergibt 100 g.

›FRISCHER PFEFFER-MIX
Für asiatische Gerichte. Sehr gut zu Fisch:

20 g weiße Pfefferkörner, 20 g grüne Pfefferkörner, 20 g Szechuanpfeffer, 20 g getrocknete Zitronenschalen, 15 g getrocknete Ingwerstückchen und 5 g Sternanis in Stückchen mischen und in die Pfeffermühle füllen. Ergibt 100 g.

›EDLER PFEFFER-MIX
Für feinstes Fleisch (Rind, Ente, Huhn), Lachs und Thunfisch:

3 Bourbon-Vanilleschoten in 5 mm große Stückchen schneiden und im Ofen bei 50 °C trocknen lassen (entfällt bei älteren ausgetrockneten Schoten). Mit der 3–4-fachen Menge schwarzer Pfefferkörner mischen und in die Pfeffermühle füllen.

FRISCHE CURRYPASTEN

Zubereitete Thai-Currypasten werden in Beuteln oder Dosen angeboten. Eine große Auswahl finden Sie in Asienläden. Unvergleichlich frischer und besser schmecken sie selbst gemacht.

Die Mengen reichen für etwa 2 Gerichte. Reste in ein Schraubglas füllen und mit Öl bedecken. So halten sie im Kühlschrank etwa 10 Tage.

›ROTE THAI-CURRYPASTE

8 große rote Chilischoten putzen, waschen und klein schneiden. 40 g frischen Galgant, 40 g Thai-Schalotten und 6 Knoblauchzehen schälen, fein hacken. 1 Bund Koriandergrün mit Wurzeln waschen und trocken schütteln, die Wurzeln putzen. Stiele, Blätter und Wurzeln fein hacken. 4 Kaffirlimettenblätter in Stückchen schneiden, dabei die dicke Mittelnaht entfernen. 1 Bio-Limette waschen, abtrocknen, die Schale abreiben, den Saft auspressen. Von 3 Stängeln Zitronengras nur das Innere der verdickten Enden (Bulben) sehr fein hacken. Alle vorbereiteten Zutaten im Blitzhacker zu einer Paste verarbeiten. 1 EL Paprikapulver edelsüß, 2 TL gemahlenen Kreuzkümmel, 2 TL Garnelenpaste, 1 TL Salz, 1 ½ TL Zucker und 2–3 EL Öl untermischen.

›GRÜNE THAI-CURRYPASTE

8 große grüne Chilischoten putzen, waschen und klein schneiden. Je 30 g Ingwer und Galgant, 50 g Thai-Schalotten und 6 Knoblauchzehen schälen, fein hacken. 2 Bund Koriandergrün mit Wurzeln waschen und trocken schütteln, die Wurzeln putzen. Stiele, Blätter und Wurzeln fein hacken. 6 Kaffirlimettenblätter in Stückchen schneiden, dabei die dicke Mittelnaht entfernen. 1 Bio-Limette waschen, abtrocknen, die Schale abreiben, den Saft auspressen. Alles im Blitzhacker zu einer Paste verarbeiten. 2–3 TL Salz und 2 EL Öl untermischen.

WAS SONST NOCH WÜRZT

In den Supermärkten, besonders in den orientalischen oder asiatischen, gibt es ein nahezu unüberschaubares Angebot an würzenden Zutaten: Currypasten, Sambals und Würzsaucen. Hier stellen wir die wichtigsten vor:

INDISCHE CURRYPASTEN

TANDOORI
Der pakistanische »Tandoor«-Ofen ist namensgebend für diese Zubereitungsart, in der mariniertes Fleisch bei starker Hitze gegart wird. Die Marinade besteht aus Joghurt, Gewürzen, Kräutern und roter Lebensmittelfarbe, die durch Annatto, Paprika oder Rote-Bete-Saft ersetzt werden kann.

KORMA
Die aus Persien kommenden nordindischen Moguln prägten die opulente Küche, mit Mandeln, Sahne und/oder Joghurt. Diese Würzpasten sind in der Regel sehr mild.

KASHMIRI
Diese meist mittelscharfe Currypaste ist besonders aromatisch. Sie passt zu Fleisch oder Garnelen in Verbindung mit Früchten, Sahne und Kokosmilch.

TIKKA

»Tikka« heißt soviel wie »kleine Stückchen«. Das Fleisch wird klein geschnitten und mariniert, schließlich gegrillt oder gebraten. Oft wird das marinierte Fleisch auf Spieße gesteckt. Eine Tikka-Currypaste ist vor allem zum Marinieren gedacht. Das vorbereitete Fleisch kann man auch mit Kokosmilch oder Sahne zubereiten.

VINDALOO

Der Name entstand nach einem Gericht aus Schweinefleisch in Weinessig (»Vin«) mit Knoblauch (»alho«), das die portugiesischen Eroberer nach Westindien brachten. Eine Vindaloo-Paste ist meistens mittelscharf, statt Essig kann sie auch Limetten- oder Tamarindensaft enthalten.

TIPPS FÜR DIE VERWENDUNG

Zum Marinieren von Fleisch oder Geflügel das Fleisch mit etwas Paste (oder einer Mischung aus Paste und Joghurt) einreiben und abgedeckt im Kühlschrank ca. 30 Min. ruhen lassen. Danach braten oder grillen.

Zum Anbraten bei Currygerichten etwas Öl in einer Pfanne erhitzen, Zwiebeln darin glasig dünsten und an den Rand schieben. 1–2 EL Paste in die Mitte der Pfanne geben und unter Rühren anrösten, bis es duftet. Das Fleisch darin einige Minuten unter ständigem Rühren braten und dann nach Belieben mit Tomaten, Kokosmilch oder Sahne ablöschen.

Zum Abschmecken lassen sich die Pasten sehr gut verwenden und auch zum Nachwürzen eines Gerichts – z. B. ganz individuell bei Tisch. Ideal für Reis und schnelle Wokgerichte.

SAMBALS

Die Sambal-Chilipasten gibt es von mild-würzig bis brennend-scharf. Man unterscheidet zwischen den rohen Sambals und den mit anderen Zutaten, z. B. Zwiebeln, gebackenen Sorten. Auch bei den Sambals immer auf die Zutatenliste achten und möglichst Qualitäten ohne Geschmacksverstärker wählen. Alternativ kann man sein Sambal selber machen (s. rechts).

SAMBAL OELEK
Die bekannteste rohe Sorte und das wohl schärfste Sambal besteht ausschließlich aus frischen, rohen Chilischoten, Salz und Essig. Es gibt auch eine Variante, die zusätzlich Knoblauch enthält.

SAMBAL TERASI
Darin stecken u. a. Garnelenpaste, dazu Tomaten, Zucker, Limettensaft oder Tamarinde, Galgant und Gewürze.

SAMBAL MANIS
Durch reichlich Zwiebeln nur leicht scharf und durch Zugabe von Kecap Manis angenehm süßlich.

SAMBAL ASLI
Enthält neben Chilis, Zucker und Salz auch viel Knoblauch.

SAMBAL BADJAK
Mit Chilis, Schalotten, Knoblauch, Garnelenpaste, Zucker, Salz und Kemirinüssen oder Kokosmilch (Rezept s. rechts).

SAMBAL BALADO
Besteht aus Chilis, Tomaten, Zwiebeln, Salz und Limetten.

SAMBAL RUJAK
Aus Chilis, Palmzucker, Tamarinde und Salz. Wird mit frischen Früchten zu einem pikanten Obstsalat.

SAMBAL SRIRACHA

Dies sind eher feinpürierte Saucen als Sambals, die in Restaurants als Tischwürze bereitstehen und zu Suppen, Reis, Fleisch und Seafood passen. Es gibt sie in verschiedenen Varianten, z. B. mit Zwiebel, Zitronengras oder Ingwer, und in verschiedenen Schärfegraden.

SELBST GEMACHT:
SAMBAL BADJAK MIT KOKOSMILCH
200 g rote Chilischoten putzen, entkernen, waschen und fein hacken. 200 g Thai-Schalotten oder rote Zwiebeln und 3 Knoblauchzehen schälen und fein würfeln. 3 EL Öl im heißen Wok erhitzen. Chili, Zwiebeln und Knoblauch darin andünsten. 1 EL Garnelenpaste (Terasi) dazugeben, ca. 20 Min. köcheln lassen, dabei öfter umrühren. Wenn alles weich ist, 2 EL Palmzucker oder braunen Rohrzucker darüber streuen und karamellisieren lassen. 200 ml ungesüßte Kokosmilch dazugeben und 15 Min. köcheln lassen, bis die Masse dicklich ist. Sambal mit etwas Salz abschmecken. In heiß ausgespülte Schraubgläser füllen, mit etwas Öl bedecken und im Kühlschrank aufbewahren.

BELIEBTE WÜRZSAUCEN

Zum Abschmecken und Nachwürzen bei Tisch.

WORCESTERSHIRE-SAUCE

Ein Klassiker unter den Würzsaucen. Wurde bereits 1837 von Lea & Perrins hergestellt. Die dünnflüssige braune Sauce besteht aus Essig, Melasse, Zucker, Salz, Sardellen, Tamarinde, Zwiebeln, Knoblauch und Gewürzen. Zum Abschmecken von Fleischgerichten, vor allem von Ragout Fin. Ein Spritzer gehört in die »Bloody Mary«.

TABASCO

Seit 1868 wird dieser Klassiker aus Chilis, Essig und Salz hergestellt – quasi ein flüssiges »Sambal Oelek«. Unverzichtbar für Drinks, z. B. Tomatensaft, und zum schnellen Nachwürzen.

MAGGI-WÜRZE

Inspiriert von der japanischen Sojasauce entwickelte Julius Maggi 1886 die Maggi-Würze als preiswerten Ersatz des teuren Fleischextraktes. Der Geschmack erinnert an Liebstöckel.

HEINZ 57

Noch ein Klassiker unter den Würzsaucen. Enthält u. a. Tomatenmark, Zucker, Malzessig, Rosinenextrakt, Äpfel und Kräuter.

HELLE SOJASAUCE

Gute Qualitäten sind natürlich gebraut und enthalten nur Sojabohnen, Weizen, Wasser und Salz. Es gibt auch glutenfreie ohne Weizen (s. Tamari). Qualität hat ihren Preis: Billige Sojasaucen werden häufig mithilfe von chemischen Zusätzen aus Sojamehl hergestellt, auch unter Zusatz von Zucker, Geschmacksverstärkern oder Farbstoffen.

DUNKLE SOJASAUCE ODER »KECAP MANIS«

Die zähflüssige süße Sauce enthält neben Sojabohnenextrakt und Wasser noch Zucker, Salz und Melasse.

TAMARI

Hat einen hohen Anteil an Sojabohnen und einen geringen Weizenanteil. Sie ist dunkler und etwas dickflüssiger als helle Sojasauce. Originale Tamari besteht ausschließlich aus Sojabohnen, Meersalz und Wasser. Sie ist damit glutenfrei und für Menschen mit Gluten-Unverträglichkeit (Zöliakie) geeignet.

SHIRO »WEISSE SOJASAUCE«

Hoher Weizenanteil und geringer Sojabohnenanteil. Enthält viel Zucker. Farbe transparent-bräunlich wie Tee.

SÜSSE CHILISAUCE

Sie besteht hauptsächlich aus Zuckerwasser, einem Chilianteil von ca. 15 Prozent sowie Knoblauch, Salz, Maisstärke und Säuerungsmittel. Sehr beliebt zum Dippen von Frühlingsrollen und zu Hühnchen. Manche Sorten enthalten auch Ananas.

HOISINSAUCE

Dickflüssige, süßlich-scharfe rotbraune Würzsauce aus fermentierten Sojabohnen, rotem Reis, Knoblauch, Essig, Zucker und Gewürzen. Klassisch zur Pekingente. Für Rippchen und Schweinebauch. Für Marinaden und Wokgerichte.

FISCHSAUCE

Anders als der Name vermuten lässt, riecht und schmeckt Fischsauce kaum »fischig«. Die klare, bräunliche, dünnflüssige Flüssigkeit besteht bis zu ca. 70 Prozent aus Sardellen-(Anchovis-)Extrakt, dazu kommen Wasser, Salz und etwas Zucker.

AUSTERNSAUCE

Die dickflüssige dunkelbraune süß-salzige Sauce wird aus Sojasauce und Austernextrakt hergestellt. Zum Abschmecken, Marinieren und Nachwürzen bei Tisch.

SOJABOHNENSAUCE

Paste aus fermentierten Sojabohnen, Weizenmehl, Wasser und Salz. Zum Würzen von Wokgerichten.

SENF, MEERRETTICH UND WASABI

SENF – DIE BEKANNTESTEN SORTEN

Senfzubereitungen werden hergestellt aus Senfmehl und/oder ganzen bzw. gequetschten Senfkörnern (s. auch S. 104–107) in Verbindung mit Essig und Zucker oder Honig, sowie anderen würzenden Zutaten. Es gibt zahllose Sorten von fein bis grob, von mild bis sehr scharf. Meistens sorgt Kurkuma für die typisch gelbe Farbe.

Senf ist unverzichtbar für Würstchen, Frikadellen, Kasseler und Rouladen, zum Einreiben von Braten und für Marinaden, Saucen und Vinaigrettes.

Sie können Senf auch selbst herstellen und nach Geschmack variieren (Grundrezept S. 107).

DIJONSENF

Scharf-fruchtig. Wird vorwiegend aus braunem Senf und mit dem Most unreifer Trauben hergestellt.

ESTRAGONSENF

Auf der Basis von Dijonsenf mit Estragon aromatisiert. Unbedingt auf die Zutatenliste schauen: Die schöne grüne Farbe ist oft künstlich zugesetzt!

BAYERISCHER SÜSSER SENF

Hierfür werden die Senfkörner z. T. geröstet, dann grob gemahlen und mit reichlich braunem Zucker und manchmal auch Honig gesüßt. Er wird traditionell zu Weißwürsten und Leberkäse gereicht.

DÜSSELDORFER SCHARFER SENF

Diese Spezialität wird zum größten Teil aus dunklem Senf und Weißweinessig hergestellt.

MITTELSCHARFER SENF

Der »Standard«-Senf für alle Gelegenheiten, eher neutraler Geschmack und milde Schärfe.

ROTISSEUR-SENF

Ein mittelscharfer Senf
mit »Biss«, da er aus grob
gemahlenen bzw. ganzen
Senfkörnern hergestellt
wird.

MEERRETTICH

Ähnliche Scharfstoffe wie
im Senf sind auch im Meerrettich enthalten. Er passt
zu Räucherfisch, gekoch-

tem Rindfleisch, Roastbeef und Würstchen. Es gibt die unter-
schiedlichsten Zubereitungen: die schärferen Varianten nur mit
Essig, Öl, Salz und Zucker oder mildere Mischungen wie Sahne-
oder Apfel-Meerrettich. Fertig zubereiteter Meerrettich im Glas
oder in der Tube ist immer mit Konservierungsstoffen, Verdi-
ckungsmitteln, Säuerungsmitteln
u. ä. versetzt.
Wer es pur liebt: Frische Meerrettichwurzeln sind in Frischhaltefolie gewickelt im Kühlschrank monatelang haltbar. Wurzel schälen und bei Bedarf frisch reiben.
In Österreich gibt es im Kühlregal der Supermärkte frisch geriebenen Meerrettich (»Kren«).

WASABI

Auch er enthält ähnliche Scharfstoffe wie Senf. Wasabi, der ja-
panische Meerrettich, ist nicht überall frisch zu bekommen,
aber in japanischen Geschäften oder im Internet wird man fün-
dig. Das lohnt sich allemal, denn das, was als Zubereitung in
Tuben angeboten wird, enthält kaum echten Wasabi (1–2 Prozent), dafür Meerrettich- und Senfpulver, Zucker und Zucker-
austauschstoffe, Bindemittel und viel grünen Farbstoff. Auch
das Pulver in Döschen ist selten reines Wasabipulver.
Es gibt aber auch echten Wasabi (100 Prozent) gemahlen, der
mit der gleichen Menge heißem Wasser angerührt wird.

LANDESTYPISCHE GEWÜRZE

DEUTSCHLAND

Typisch für die traditionelle deutsche Küche sind Kümmel und Wacholder, gerade in Verbindung mit Schweinebraten und Kohlgerichten. Senf, Piment und Dillsamen gehören zum Gurkengewürz, Muskatnuss an Kartoffelpüree oder Blumenkohl und Kardamom, Zimt, Piment und Anis kommen hauptsächlich an das Weihnachts-Gebäck.

Typisch: Paprika, Muskatnuss, Macis, Pfeffer, Kümmel, Wacholder, gelber Senf, Lorbeer, Dillsamen, Piment, Zimt, Anis, Fenchel, Kardamom, Vanille.

MITTELMEERLÄNDER

Die mediterrane Küche lebt vor allem von den frischen oder getrockneten Kräutern. Je nach Region werden dazu Chilis verarbeitet. Safran ist unverzichtbares Gewürz in Bouillabaisse, Risotto und Paella.

Typisch: Paprika, Pimenton de la Vera, Piment d'Espelette, Peperoni, Pfeffer, Safran, Lorbeer, Anis, Fenchel und die mediterranen Kräuter (Rosmarin, Thymian, Salbei, Oregano).

VORDERER ORIENT & NORDAFRIKA

In den orientalischen Ländern haben Gewürze durch den Gewürzhandel eine lange Tradition und werden üppig eingesetzt, oft in Verbindung mit Trockenfrüchten, Nüssen und Rosen- oder Orangenblütenwasser.

Typisch: Kardamom, Kreuzkümmel, Koriander, Kurkuma, Bockshornklee, Zimt, Paprika, Muskatnuss, Safran, Sumach, Schwarzkümmel, Mahlep, Paradieskörner.

INDIEN

In kaum einem Land spielen Gewürze eine derartig große Rolle wie in Indien, wobei die nordindische Küche – durch die Moguln beeinflusst – sehr an die orientalische Küche erinnert. Im tropischen Süden wird dagegen kräftig scharf gewürzt.

Typisch: Koriander, Kurkuma, Kreuzkümmel, Bockshornklee, Ingwer, Galgant, Chili, Pfeffer, Kaffirlimette, Amchoor, Asant, Curryblatt, Ajowan, Gewürznelke, Zimt, Muskatnuss, Macis, Fenchel, Schwarzkümmel, brauner Senf.

SÜDOSTASIEN

Die Küchen variieren von Land zu Land, aber häufig werden die Gewürze wie Ingwer, Galgant und Chili frisch verarbeitet und mit getrockneten Gewürzen kombiniert, z. B. in den thailändischen Currypasten.

Typisch: Pfeffer, Szechuanpfeffer, Ingwer, Galgant, Gewürznelken, Zimt, Zitronengras, Kaffirlimette, Langpfeffer, Kubebenpfeffer, Sternanis, Muskatnuss, Macis, Pandanblatt.

MITTEL- UND SÜDAMERIKA

Scharfe Chilis spielen hier die Hauptrolle, oft werden mehrere Sorten kombiniert, entweder frisch oder getrocknet und gemahlen. Häufig werden auch ganze getrocknete Chilis eingeweicht und dann zerkleinert. Raffiniert ist die mexikanische Kombination aus Vanille und Chili mit Kakaobohnen.

Typisch: diverse Chilisorten, Paprika, Räucherpaprika, Vanille, Piment, Muskatnuss, Macis, rosa Pfefferbeeren, Annatto, Tonka, Kreuzkümmel.

AUSTRALIEN, TASMANIEN, NEUSEELAND

Aus Australien und Tasmanien kommen Gewürze, die es sonst nirgendwo auf der Welt gibt. Sie werden auch »Bushfood« genannt. Mittlerweile haben sie auch Einzug in die neuseeländische Küche gehalten.

Typisch: tasmanischer Bergpfeffer, Wattleseed, Lemon Myrtle, Anismyrte, Buschtomaten, Olida, Ingwer, Pfeffer.

REGISTER

Wichtige Sachbegriffe, Gewürznamen und alle Rezepte in alphabetischer Reihenfolge. **Fett hervorgehoben** sind die Gewürze, zu denen ausführliche Steckbriefe im Kompass zu finden sind. Darunter stehen – jeweils eingerückt – Rezepte und Mischungen, in denen das Gewürz verwendet wird.

BESTELLADRESSEN

WWW.1001GEWUERZE.EU › Der Online-Auftritt der Gewürzmanufaktur Hamburg von Autorin Bettina Matthaei bietet eine immense Auswahl an Gewürzen, -mischungen und Kräutern, dazu tolle Geschenkideen aller Art und in jeder Preisklasse.

WWW.SPICEFORLIFE.DE › Nachhaltigkeit und Transparenz der Herkunft hat sich Spice for Life groß auf die Fahnen geschrieben, was sich im Angebot der hochwertigen Bio-Gewürze widerspiegelt.

WWW.GEWUERZE-DER-WELT.DE › Neben dem vielfältigen Angebot an orientalischen, asiatischen, indischen oder afrikanischen Gewürzen bietet die Seite auch einen Gewürz-Blog.

WWW.BOSFOOD.DE › Delikatessenhändler Ralf Bos und sein Team bieten eine große Auswahl an Produkten, weit über die Gewürzpalette hinaus. Pralinen, Früchte, Kaffee u. v. m.

WWW.FRISCHEPARADIES.DE › An inzwischen acht Standorten ist das Frischeparadies nun schon zu Hause und kommt ihrem Leitsatz »Das Beste von Allem« schon recht nahe.

WWW.GOURMONDO.DE › Schnelle Lieferung und Frische-Garantie verspricht das in Kassel beheimatete Versandhaus mit riesigem Angebot vielfältiger Art.

BILDNACHWEIS

Corbis S. 1, 40 (rechts oben); Einwanger S. 80, 142; Biosphoto S. 43 (links oben); Fotos mit Geschmack S. 147, 151; Getty S. 40 (links oben), 41 (rechts oben und links unten), 43 (rechts oben); Gödert S. 10, 36, 40 (links unten), 41 (rechts unten), 42 (rechts oben und rechts unten), 43 (links unten und rechts unten), 52, 66, 84 (2), 85 (links), 92 (2), 93 (links), 144; Hoffmann/Koops S. 18; Martina Görlach S. 32, 39, 50, 56, 58, 60, 76, 98, 108, 112, 130; Mauritius S. 64, 137; Okapia/Sohns S. 93 (2); StockFood S. 4, 6, 7, 8, 9, 12, 14 (2), 15 (2), 22, 24, 26, 28, 29, 30, 42 (links oben), 44, 45, 46, 48, 55, 62, 75, 79, 86, 91, 94, 96, 100, 104, 106, 110, 114-120, 124-128, U4; Teubner Foodfoto S. 25, 34, 40 (rechts unten), 41 (links oben), 42 (links unten), 54, 68, 70, 72, 74, 78, 83, 85 (rechts), 88, 93, 102, 103, 122; Westermann/Buroh S. 16 (2)

© 2013
GRÄFE UND UNZER VERLAG
GmbH, München

Projektleitung: Monika Greiner
Lektorat: Susanne Bodensteiner
Korrektorat: Ulrike Wagner
Bildredaktion (Assistenz):
Max Heilmayr
Innenlayout, Typografie und Umschlaggestaltung:
independent Medien-Design,
Horst Moser, München
Satz: Uhl + Massopust GmbH,
Aalen
Herstellung: Markus Plötz
Reproduktionen:
Repro Ludwig, Zell am See
Druck + Bindung: Printer,
Trento

ISBN: 978-3-8338-2895-9
4. Auflage 2015

 www.facebook.com/gu.verlag

Umwelthinweis
Dieses Buch ist auf PEFC zertifiziertem Papier aus nachhaltiger Waldwirtschaft gedruckt.

Ein Unternehmen der
GANSKE VERLAGSGRUPPE

DIE GU-QUALITÄTS-GARANTIE

Liebe Leserin, lieber Leser,
wir möchten Ihnen mit den Informationen und Anregungen in diesem Buch das Leben erleichtern und Sie inspirieren, Neues auszuprobieren. Alle Informationen werden von unseren Autoren gewissenhaft erstellt und von unseren Redakteuren sorgfältig ausgewählt und mehrfach geprüft. Deshalb bieten wir Ihnen eine 100%ige Qualitätsgarantie. Sollten wir mit diesem Buch Ihre Erwartungen nicht erfüllen, lassen Sie es uns bitte wissen. Sie erhalten von uns kostenlos einen Ratgeber zum gleichen oder ähnlichen Thema.
Wir freuen uns auf Ihre Rückmeldung, auf Lob, Kritik und Anregungen, damit wir für Sie immer besser werden können.

GRÄFE UND UNZER Verlag
Leserservice
Postfach 86 03 13
81630 München
E-Mail:
leserservice@graefe-und-unzer.de

Telefon: 00800 / 72 37 33 33*
Telefax: 00800 / 50 12 05 44*
Mo–Do: 8.00–18.00 Uhr
Fr: 8.00–16.00 Uhr
(* gebührenfrei in D, A, CH)

Ihr GRÄFE UND UNZER Verlag
Der erste Ratgeberverlag – seit 1722.